KB080730

좋아하는 것을
발견하는 법

좋아하는 것을 발견하는 법

진로와
자기 탐색

이
다
혜 지음

창비

취향? 취미? 장래 희망? 저는 그런 거 없어요.

딱히 좋아하는 것도, 관심 있는 것도 없어요.

다 별로 재미없어요.

좋아하는 게 없다고?

가벼운 마음으로 자기 발견 테스트를 해 보자.

다음 내용을 읽고 체크해 봐.

생각보다 좋아하는 게 많을 수도 있어!

3개 이상 체크했다면 해당 챕터를 꼭 읽어 봐.

물론 바쁘지 않다면 앞에서부터

하나하나 차근차근 읽어 나가는 쪽을 더 추천해

자기 발견 테스트

맛있는 건 매일 먹어도 좋잖아

- ☐ 우리 동네 '맛집'을 5곳 이상 알고 있다.
- ☐ 친구들이 나에게 모임 장소를 추천받는다.
- ☐ 좋은 학용품을 발견하면 친구에게 꼭 소개한다.
- ☐ 선호하는 지우개, 샤프, 펜의 브랜드가 따로 있다.
- ☐ 친구가 꼭 마음에 들어 할 선물을 고르는 데 자신 있다.
- ☐ 재미있게 본 책이나 영화를 다른 사람이 어떻게 봤을지 궁금하다.

3개 이상 체크했다면 26쪽으로 ≫

뭐든 한번 꾸며 보는 건 어때?

- ☐ 낙서하는 걸 좋아한다.
- ☐ 가끔 교과서에 웃긴 그림을 그린다.
- ☐ 다이어리를 쓰고 있다.
- ☐ 새 공책을 사면 마음이 설레고, 멋지게 쓰고 싶다.
- ☐ 예쁘고 근사한 걸 좋아한다.
- ☐ 잘 정리된 책상을 보면 기분이 좋아진다.

3개 이상 체크했다면 36쪽으로 ≫

그래도 게임은 좋아한다면

☐ 꾸준히 즐겨 하는 게임이 있다.

☐ 게임을 하면 스트레스가 풀리는 기분이 든다.

☐ 게임 스토리에 관해 이런저런 상상을 한다.

☐ 새로 나온 게임도 어렵지 않게 플레이하는 편이다.

☐ 좋아하는 게임들이 가진 각각의 매력과 장점을 이야기할 수 있다.

☐ 친구들과 게임 이야기를 할 때가 가장 즐겁다.

3개 이상 체크했다면 48쪽으로 ≫

뭐든 꾸준히 하는 것은 자신 있다면

☐ 특별히 잘하거나 좋아하는 일이 없다.

☐ 공부든 운동이든 중간 정도 할 자신은 있다.

☐ 숙제는 밀리지 않고 하는 편이다.

☐ 친구들과의 약속을 잘 지킨다.

☐ 평범한 어른들은 어떤 일을 하는지 궁금하다.

☐ 가끔 혼자서 조용히 보내는 시간이 편하고 좋다.

3개 이상 체크했다면 61쪽으로 ≫

유행은 따라 해야 직성이 풀린다면

☐ 유행하는 맛집이라면 얼마든지 줄 서서 먹을 수 있다.

☐ 어떤 옷과 신발이 유행인지 일찍 알아채는 편이다.

☐ 지금 음원 차트 1위인 노래 제목과 가수를 말할 수 있다.

☐ 잘 만든 광고를 보고 감탄한 적이 있다.

☐ 유명 인플루언서의 인기 비결에 대해 생각해 본 적이 있다.

☐ 친구들과 요즘 유행하는 것에 대해 이야기하는 게 즐겁다.

3개 이상 체크했다면 70쪽으로 >>

스포츠는 언제나 즐겁지

☐ 새로운 운동 배우기가 즐겁다.

☐ 응원하는 프로스포츠 팀이 있다.

☐ 국가 대표 경기는 생방송과 재방송까지 챙겨 본다.

☐ 운동선수만큼 벤치에서 바쁘게 움직이는 사람들의 정체가 궁금하다.

☐ 경기의 흐름과 승부를 예측하는 데 재미를 느낀다.

☐ 누가 경기를 해설하는지에 따라 보는 재미가 다르다고 생각한다.

3개 이상 체크했다면 81쪽으로 >>

가만히 지켜보는 걸 좋아한다면

☐ 화분의 흙이 마른 것을 보고 물을 준 적이 있다.

☐ 집 앞에 꽃이 피거나 낙엽이 진 것을 금세 알아본다.

☐ 할머니 할아버지에게 자리를 양보하면 마음이 뿌듯하다.

☐ 동생을 돌보는 것이 즐겁다.

☐ 친구네 고양이나 강아지와 잘 놀아 준다.

☐ 철새를 보면서 어디로 가는 걸까, 궁금했던 적이 있다.

3개 이상 체크했다면 93쪽으로 ≫

머릿속에는 우주와 미래뿐이라면

☐ 사이다를 마시다 탄산의 원리가 궁금해진 적이 있다.

☐ 인류는 언젠가 화성에 가야 한다고 믿는다.

☐ 우주를 배경으로 한 영화, 소설을 즐겨 본다.

☐ 가족 여행 때 별자리 관측하는 것을 좋아한다.

☐ 과학과 관련된 유튜브 채널을 구독 중이다.

☐ 신기한 어플리케이션을 보면 나도 언젠가 만들어 보고 싶다.

3개 이상 체크했다면 105쪽으로 ≫

역시 친구들이랑 노는 게 최고라면

☐ 같은 학년 애들 이름은 거의 다 아는 편이다.

☐ 반 친구들이 뭘 잘하는지, 누구랑 친하고 성격은 어떤지 대체로
파악하고 있다.

☐ 각기 다른 친구들과의 그룹 대화방이 5개 이상 된다.

☐ 가까운 친구들의 장점을 한 가지씩 말할 수 있다.

☐ 친구들과 수다 떠는 시간이 즐겁다.

☐ 의견이 다른 친구를 설득하는 과정이 흥미롭다.

3개 이상 체크했다면 117쪽으로 ≫

용돈 모으기가 쓰기보다 신난다면

☐ 내 관심은 돈이다.

☐ 용돈을 어떻게 쓸지 계획이 다 있다.

☐ 어떤 물건을 사기 위해 한 달 이상 용돈을 모아 본 적이 있다.

☐ 어떤 직업이 돈을 많이 버는지 궁금하다.

☐ 여러 사이트를 비교해 똑같은 물건을 더 저렴하게 사면 기분이
좋다.

☐ 친구들에게 간식이나 학용품을 팔아 돈을 벌어 볼까, 생각해 본
적이 있다.

3개 이상 체크했다면 128쪽으로 ≫

'정주행' 하느라 밤새운 적 있다면

☐ 웹소설과 웹툰을 즐겨 읽는다.

☐ 지금 방송 중인 웬만한 드라마의 줄거리는 파악하고 있다.

☐ 이야기가 어떻게 전개될지, 다음 상황을 잘 맞히는 편이다.

☐ 말하는 것보다 글로 쓰는 게 편하다.

☐ 친구들에게 재미있는 이야기를 해 주고 싶은 욕심이 있다.

☐ 간단하게 동영상 편집하는 것을 좋아한다.

3개 이상 체크했다면 140쪽으로 ≫

거 봐! 누구나 좋아하는 게 하나쯤은 있다고.

이 중에 좋아하는 걸 하나도 발견하지 못했다 해도

앞에서부터 차근차근 읽어 볼래?

다른 친구들이 무엇을 좋아하는지 읽다 보면,

너도 좋아하는 게 많다는 걸 깨닫게 될 거야.

차 례

일러두기

창비 홈페이지(www.changbi.com) 또는 책씨앗 홈페이지(bookseed.kr)에서
독서 활동 자료를 다운로드할 수 있습니다.

○ 좋아하는 것이 제멋대로였던
일곱 친구

 안녕, 나는 연극을 배워. 초등학교 때 나는 여러 명하고 친하게 지내기보다는 1년에 한 명 정도의 친구만 사귀었어. 그런데 학교에서 선생님이 연극을 준비하면서 내게 주인공을 맡으라고 하셨지 뭐야. 심지어 그 역할은 가출한 중학생 역할이었어. 나는 집순이인데.

연극이 낯설고 하나도 좋지 않았지만, 하다 보니까 연극반 친구들하고 가까워지는 게 느껴졌어. 내가 전보다 더 잘하고 있다는 말을 선생님께 들을 때면 키가 조금 더 커진 것 같은 느낌이 들었지.

공연 날이 되었는데, 아버지가 출장 중이셨어. 혹시 공연을 못 보실까 봐 노심초사했어. 구민회관에서 공연을 했으니까 꽤 큰 규모의 공연이었거든. 어머니와 외할머니, 남동생은 앞줄에 보였는데, 아버지가 역시 안 보이더라고.

연극을 무사히 마치고, 박수를 받으면서 인사하는데 저 뒤에 아버지가 보였어. 날아갈 것 같은 기분이 들었는데, 공연이 무사히 끝나서인지, 아니면 온 가족이 내 공연을 보러 와서인지는 모르겠어.

―뮤지컬 배우가 되고 싶은 A

조경사라는 직업을 알고 있어? 우리 아빠는 건축 일을 하셔. 큰아버지와 아빠 모두. 고건축이라는 분야인데, 아파트가 아니라 고궁이나 절 같은 건물을 전문적으로 고치는 일이야. 이름만 대면 알 만한 큰 궁궐이나 유명한 절 중에, 우리 아빠와 큰아버지가 일한 곳이 많이 있어. (사실 이건 약간 자랑이라고!)

가끔 아빠가 일하는 곳에 따라가기도 해. 나는 공사하는 뒤뜰에서 그네를 타거나 그냥 주변을 둘러보면서 시간을 보내. 아빠 일이 끝나면 맛있는 거 먹고 같이 집에 와. 우리 아빠는 전국에 모르는 곳이 없어. 대단하지?

아빠는 나보고 조경 자격증을 따서 전문가가 되어 일하라고 하셔. 그래서 조경이 뭐냐고 물어봤더니, 정원을 가꾸는 일이래! 우리는 작은 아파트에 살아서 정원 구경도 못 해봤는데, 그런 일을 전문으로 하는 사람들이 있다니 멋있지 않니.

근데 선생님한테 말했더니 조경사가 되려면 지금 내가 못하는 수학 공부도 열심히 해야 한대. 나의 미래는 어디로 갈는지.

— 갑자기 식물을 눈여겨보기 시작한 B

 넌 소설 써 본 적 있니? 난 써 봤어. 동화책을 자주 읽다 보니 내가 다르게 써 볼 수 있을 것 같았거든. 실은 꽤 여러 번 써 봤어. 제일 친한 친구에게 소설 공책을 보여 줬는데 은근히 긴장되더라. 친구가 어떤 이야기는 다음 편이 궁금하다고 했고, 어떤 이야기는 그냥 재미있다고만 하고 다음 얘기가 뭔지 안 물어봤어. 역시 이런 게 댓글을 기다리는 작가의 마음 같은 걸까?

내 글을 쓰기 시작하니까 나도 이제 알겠어. 소설가들은 정말 위대한 사람들이야! 재밌는 소설을 읽고 나면 나는 잠을 못 자겠어. 심장이 두근두근 뛰거든. 나도 멋진 이야기를 만들어서, 친구들이 내 이야기에 잠 못 들면 좋겠어. 정말로.

언젠가 내가 노벨문학상을 받을지도 모르는 거잖아?

— 담임 선생님한테 노벨문학상에 대해 들은 뒤 꽂혀 있는 C

 서예라는 것은 말이죠 특별 활동 시간에 서예를 배웠어요. 저는 먹을 갈 때의 냄새가 좋아요. 먹을 갈고 있으면 들뜬 마음이 차분해져서, 영원히 먹만 갈아도 좋을 거 같아요. 제 짝꿍은 제가 서예반 다녀오면 먹 냄새가 난대요. 약간 쿰쿰한 냄새라고 절 놀려요. 오해하진 마세요. 제 짝꿍은 저와 단짝이니까요.

붓으로 글씨를 쓰는 게 왜 재미있는지는 모르겠어요.

잘 쓰지 못하지만, 한 획 한 획에 정성을 들이다 보면 기분이 좋아져요.

"잘 쓰는 것보다 마음을 다하는 게 중요하다."

서예 선생님 말씀이에요. 그 말만 믿고 저는 너무 당당하게 못 쓰는 것 같지만, 그래도 즐거운걸요.

— 붓글씨 쓰다 보면 잠이 솔솔 오는 D

 영어 공부가 너무 재밌다니까 잘난 척 아니니까 잠깐만 참고 들어 봐. 난 영어 공부가 재밌어. 쉽진 않은데 재밌어. 영어 동화책은 이야기가 끝날 때까지 참을 수가 없어서 다 읽게 되더라. 그렇게 하니까 영어가 금방 늘어. 나는 미국 애니메이션이나 영화도 좋아하거든. 막상 말을 하라면 잘 못하겠지만 그래도 배우는 게 재미있어. 배우는 게 재미있는 것만으로 이미 대단하지 않아? (뭐, 아님 말고.)

지금은 우리 집 형편이 안 되지만 나중에 대학에 가면 미국에 가 보고 싶어.

— 영어책을 더 잘 읽고 싶은 E

빠르게 달리기 vs 오래달리기 넌 어느 쪽을 더 잘해? 대답까지 5초 드립니다.

5, 4, 3, 2, 1!

너의 대답이 궁금한데 내 얘기 먼저 할게. 난 빨리 달리기를 잘해. 계주는 반 대표를 할 정도야. 빨리빨리! 마구 질주하다 보면 주변 친구들이 뒤로 사라지고, 그러면 정말 신나. 전교 대회를 해 보면 내가 1등은 아니거든. 그래도 괜찮아. 전력으로 달리면서 숨이 턱 끝까지 차오르면 크게 소리를 지르고 싶은 시원한 기분이 들어. 물론 다 뛰고 나면 숨이 차서 죽을 지경이 되지만.

그런데 나는 오래달리기는 정말 못해. 선생님이 한 종목을 잘한다고 모든 종목을 다 잘하는 건 아니라고 하셨어. 그러면서, 힘들다고 포기하지 말고 그냥 할 수 있는 데까지 열심히 하다 보면 끝까지 완주할 수 있대. 이상하게 감동이 되는 거 있지.

—이어달리기 1등 하고 흥분한 J

안녕, 내 이름은 다혜야.

앞에 말한 일곱 친구들은 어때 보여? 너는 어떤 친구와 비슷하니? 어떤 친구가 네 친구들과 비슷하니? 앞의 일곱 명은 모두 나의 초등학교, 중학교 때 모습이야. 사실 더 많이 있지. 언제는 소설을 썼지만 언제는 음악을 좋아해서 작곡가가 되고 싶었어. 연극배우를 꿈꾼 다음에는 뮤지컬 배우가 되고 싶기도 했지만 바로 잊어버렸어.

수학이 재미있을 때가 있었는가 하면 과학이 좋을 때도 있었어. 붓글씨는 좋아해도 실력이 영 늘지 않았고, 키가 크면서 오히려 달리기를 잘 못하게 됐어. 영어는 한참을 재미있게 공부했지만, 안 하면 또 금방 잊어버리더라.

저 일곱 명이 같은 사람처럼 느껴져? 나는 반장이나 부반장을 한 적도 있지만, 한 학년 내내 우리 반 친구들 얼굴과 이름을 다 외우지 못했을 정도로 낯을 많이 가린 적도 있어. 미술반에서 대회에 나간 적도 있지만, 지금은 내 친구들 중에 내가 그림을 제일 못 그리게 됐지. 꾸준히 뭘 하는 건 지금도 잘 못해. 이건 비밀이지만 말이야.

어떤 때는 내가 굉장히 특이한 아이라고 생각했어.
어떤 때는 내가 너무나 평범한 아이라고 생각했어.

내 친구들이 좋은 집에 살아서 부러운 날도 있었고, 내 친구들이 똑똑해서 부러운 날도 있었어. 내 친구들이 인기가 많아서 부러운 날도 있었고, 내 친구들이 다른 애들 눈치 안 보고 당당해서 부러운 날도 있었어. 눈에 보이는 모든 직업을 다 해 보고 싶은 날도 있었지만 아무것에도 관심이 생기지 않는 날도 있었어.

어른들이 나보고 "참 좋을 때다."라고 말할 때마다 속으로 화가 났어. 나도 고민이 많은데. 왜 어른들은 애들이 늘 신나고 행복하다고만 생각할까?

지금의 나는 어떠냐고? 여전히 낯을 가리지만, 여러 사람 앞에서 말을 하거나 라이브로 방송을 진행하는 건 제법 잘해. 나는 소설을 쓰지는 않지만, 소설이 아닌 다른 글을 쓰면서 여러 사람들과 소통해. 지금 이 글을 통해 너와 생각을 나누

듯이 말이야.

너의 모습은 지금 모습대로 고정되는 것이 아니야. 네가 지금 싫어하는 부분이 나중에 감쪽같이 사라지기도 하는데, 네가 지금 좋아하는 부분도 그럴 수 있어! 친구들과의 관계, 가족들과의 관계도 영원히 그대로는 아니지. 1년씩 시간이 흐르면서 너도 네 주변 사람들도 많이 바뀔 거야. 내가 그랬던 것처럼 말이야.

너의 장래 희망은 매년 달라질 수도 있어. 어른들이 요구하는 장래 희망은 매년 그대로일 수 있겠지만. 어른들 말을 듣기만 해도 화가 나는 날이 올지도 몰라. 어른들이 너에게 힘이 되는 날도 있지만 말이야.

우리는 매년 달라져.
매년 새로운 존재가 되지.

무엇을 할 수 있고 무엇을 할 수 없는지 미리부터 깊게 생각하지 마. 해 보고 싶은 걸 해 보며 '탐색'하는 시간을 갖자.

탐색이란, 겉으로 봐서는 잘 보이지 않는 것을 찾는다는 뜻이거든. 너의 마음속을 들여다보고, 작년과 올해 사이에 마음이 바뀌어도, 그럴 수 있다는 걸 받아들이는 시간을 갖자.

꿈이 많은 사람은 재미있게 살 수 있어.
좋아하는 것이 많은 사람은 매일이 신나거든.

관심이 생긴 것은 일단 한번 파 보자. 재미없으면 다른 걸 해도 되니까. 약간 지루하다 싶을 때도 한번 꾹 참아 보자. 능숙해지면 재미가 생기기도 하니까. 나도 그렇게 하면서 내가 좋아하는 방향으로 내 일을 만들어 왔어. 너희들도 할 수 있어. 나보다 더 신나게 재미있는 걸 많이 해 보면 좋겠어.

이 책을 읽으면서 너와 비슷한 친구가 누구인지 찾아보자. 네 친구와 비슷한 아이는 누구인지 찾아보자. 비슷한 사람이 없다면 너를 소개하는 글을 써 보면 어때? 더 많은 재미가 너와 함께할 수 있도록.

1 맛있는 건
매일 먹어도 좋잖아

배달 앱 구경이 취미 나는 심심할 때 배달 앱을 구경해. 배달 앱에 있는 리뷰를 읽는 게 좋아.

사실 우리 집에서는 배달 음식을 잘 시켜 먹지 않아. 할머니 말로는 배달 음식은 조미료를 많이 쓴대. 할머니가 요리할 때 쓰는 비밀 양념도 조미료 아닌가? 에이, 잘 모르겠다. 어쨌든 손님이 많이 오지 않는 이상 배달 음식을 집에서 먹을 일은 거의 없더라고. 배달 음식을 자주 먹는 친구들이 좀 부럽기도 해. 자주 시켜 먹으면 배달 앱에 있는 리뷰가 진짜인지 알아볼 수도 있을 텐데.

맛있다고 쓴 리뷰도 재밌고 맛없다고 쓴 리뷰도 흥미진

진해. 가게 사장님들이 정성스럽게 감사하다고 답글 남기는 걸 볼 때도 재밌어. 사람들은 직접 아는 사이가 아니어도 음식을 팔고 사 먹으면서 이렇게 대화를 하나 봐.

지난번에 내 생일에 할머니가 잡채랑 갈비찜을 해 줬는데 아주 맛있었어. 배달 앱에서 시켜 먹은 거라면 별 5개를 줬을 텐데. 할머니한테 그렇게 말했더니 아주 좋아하셨어.

—배달 앱 구경만 해도 배가 부른 자윤

 포인트 모아서 펜 지름 나는 MBTI에서 말하는 전형적인 I형 인간이야. 내향적이라는 뜻이지. 옛날부터 친구가 많은 편이 아니었고, 한 학년이 끝날 때마다 친구들과 헤어지는 일이 서운하다기보다 두려웠어. 친구들하고 또 헤어지고 새로 친구를 만들어야 한다니, 에휴.

소심한 마음을 달래고 싶을 때 난 좋아하는 펜으로 필사를 해. 학교 상담 선생님이 추천해 준 방법인데, 효과가 좋아. 처음에는 뭘 필사해야 좋을지 모르겠어서 교과서에 있는 시를 필사했다? 웃기지? 그다음에는 학교 도서관에서 괜찮아 보이는 책을 한 권씩 빌려서 필사를 했어. 그러다 보니까 펜에 관심이 많아졌어.

펜을 바꿀 때마다 인터넷 쇼핑몰에 필사 노트 사진을 찍어서 올렸어. 내가 써 본 펜들을 비교했는데, 내 리뷰가 인기가 좋더라고. 내 글을 보면 구입에 도움이 된대. 대학생 언니들이나 직장인 어른들도 좋대. 신기하지?

이번 달에는 내 리뷰 본 사람들이 추천 많이 눌러 줘서 받게 된 포인트로 새 펜을 샀어. 내 최초의 만년필이야.

— 필사하느라 바쁜 지은

 내 노트의 별들 우리 삼촌은 대학생인데 연극영화과에 다녀. 영화감독이 되겠대. 그래서 영화를 자주 봐. 그 영향인지는 모르겠지만 나도 영화를 좋아해. 삼촌이 추천해서 핸드폰에 영화 감상 앱을 설치했어. 처음에는 그냥 본 영화를 기록해 보고 싶어서 하나씩 적어 놓았지.

별점 매긴 영화를 다 세어 보니까 100편이 넘어. 요즘에는 초등학교 때 엄마랑 본 애니메이션들도 새로 추가하고 있어. 앞으로도 이렇게 모아서 기록해 보고 싶어.

재미없는 영화는 글 없이 폭탄 개수로 기록해.

—어쩌면 영화평론가가 될지도 모르는 시우

 SNS 떡볶이 리뷰왕 분식 좋아해? 난 분식만 좋아해. 떡볶이는 정말 다채롭고 좋은 음식이야. 로제 떡볶이도 있고, 마라 떡볶이도 있고, 까르보나라 떡볶이도 있으니까, 매운맛 단맛 다 있잖아. 친구들도 다들 나한테 물어봐. 요즘은 어느 집 떡볶이가 맛있는지.

친구들과 공유하는 김에 SNS에 떡볶이 계정을 만들었어. 브랜드별로 떡볶이 맛과 특징을 쓰고 별점을 매겼는데 하다 보니 너무 재밌는 거야. 어느새 사람들이 내가 올린 게시물을 공유했어. 본의 아니게 떡볶이 전문가가 됐는데 말이지, 인기를 끄니까 더 열심히 하게 되더라. 가족들이랑 여행 가도 꼭 그 지역 떡볶이집을 찾아.

떡볶이 좋아해? 나한테 물어봐.

—즉석 떡볶이에 버터갈릭 감자튀김이 좋은 호영

그래,
이 맛이야!

평가한다는 건 꼼꼼하게 본다는 뜻이야.

자신이 하는 평가에 어느 정도 자신이 있다는 뜻이니까. 평가에 자신이 있다는 건 관심 있는 분야를 열심히 지켜봤다는 뜻이고. 열심히 지켜봤다는 것은 네가 이제 무언가를 만들어 볼 준비가 되었다는 뜻이지.

편의점 간식이나 동네 분식집 메뉴를 종종 평가한다면, 가족들과 놀러 갈 때 간식으로 먹을 샌드위치를 만들어 보면 어때? 남이 해 주는 음식을 먹고 평가하는 일에서 한발 더 나아가 직접 만들어 보는 거야. 불을 써야 할 일이 있다면 어른에게 한번 물어보자. 아무리 조심해도 위험할 수 있으니까, 이런 때 어른들에게 도와달라고 하는 건 당연하고 좋은 일이야.

우리 가족 피서 계획을 짜 보는 건 어떨까? 어떤 해수욕장이 인기가 많은지, 어떤 식당에 사람이 많은지 인터넷 사이트에서 후기를 찾고 별점을 비교해 보자. 비교하고 평가해서 더 좋은 것을 찾아내는 데는 꽤 긴 시간이 걸려. 이런 일을 좋아하는 사람도 있지만 그렇지 않은 사람도 있어. 비교하고 평가하는 일이 은근히 즐겁다면 가족을 위해서 여러 사이트를 비교해 보자.

여러 사람의 의견을 두루 살피다 보면, 꼭 제일 맛있고 제일 경치 좋은 곳이 아니어도 괜찮다는 걸 알게 될 거야. 어떤 곳은 가족이 함께 편하게 시간을 보낼 수 있어서 좋다는 곳이 있어. 어떤 곳은 대학생들이 놀러 가기 좋다는 곳이 있지. 장소든 음식이든, '서로 다름'을 잘 발견해 보자.

나에게 맞는 답을 찾아내는 일에는 시간을 쓸 만한 보람이 있어.

재밌고 좋았던 경험을 다른 사람에게 추천하는 일 역시 취미로 삼을 수 있어. 내가 추천해 준 것을 친구가 마음에 들어 한다면 아주 기쁘겠지? 친구가 딱 좋아할 생일 선물을 생각해 보자. 비싼 선물도 좋겠지만, 아직은 그럴 여유가 없으니까 정성을 담기로 하자. 예를 들면 친구가 새로 바꾼 핸드폰에 어울리는 핸드폰 케이스를 찾아보는 거야. 시간은 오래 걸리겠지만 보람이 있겠지? 내가 추천한 물건을 기쁘게 사용하는 모습을 보면 얼마나 좋을까. 친구가 좋아하는 그림이 있는 생일 엽서를 사거나, 살 만한 게 없다면 직접 그려 볼 수도 있지. 친구가 언제까지나 나를 기억할 수 있도록 말이야.

내가 추천하는 물건에 실망하는 사람을 본 적이 없다면, 나중에 추천하는 일을 직업으로 삼을 수 있을지도 몰라. 평가하고 분석하고, 나아가 추천하는 일은 꽤 전문적이고 중요한 일이야. 예를 들어 요즘 인기 있는 직업 중에 '빅데이터 전문가'가 있어. 빅데이터는 아주 많은 사람이 돈을 쓰거나 시간을 쓴 정보의 기록이야. 이런 정보를 분석하고 그 결과를 바탕으로 포털 사이트에서 어떤 뉴스를 잘 보이게 할지, 광고를 어떤 위치에 넣을지 결정하곤 해. 빅데이터를 분석하는 것은 수많은 사람의 자료를 분석하는 일이라고 할 수 있어. 미래에는 인공지능의 도움을 받아 더 많은 데이터를 분석하게 될 거야. 인간이 좋은 판단을 내리도록 도움을 주는 일들이 더 많은 주목을 받을 거라고 해.

평가하기와 분석하기는 그 자체로 재미있는 과정이기도 해. 군것질을 좋아해? 좋아하는 과자나 아이스크림을 비교하는 노트를 만들어 보면 어때? 어떤 회사에서 만든 어떤 과자가 맛있는지 정리해 보는 거야. 비슷해 보이는 아이스크림이 서로 다른 회사에서 나왔다면, 어떻게 맛이 다른지 비교해 보자. 더 맛있는 쪽의 손을 들어주는 거야. 어쩐지 심심한 일이지만, 재미있는 일이기도 해.

별 스티커를 사서, 과자 이름 옆에 별점을 붙여 줄 수도 있어. 친구와 비교해 보면 서로 좋아하는 과자가 달라서 결과가 다를 수도 있지. 처음엔 과자에 대해서 알아보려고 시작했다가 결국은 친구가 뭘 좋아하는지 알 수 있게 되기도 해.

세상에는 모든 게 좋다는 사람도 있어. 그런가 하면 좋아하는 것의 이유를 알고 싶어 하는 사람도 있고. 만일 네가 '좋아하는 것의 이유를 알고 싶어 하는 사람'이라면, 평가하기와 분석하기는 특별한 즐거움을 안겨 줄 거야.

맛있는 건 매일 먹어도 좋잖아. 재미있는 것은 매일 해도 좋지. 즐기는 데서 멈추지 말고, 다른 사람들이 선택하는 일을 도와줄 수 있도록 한번 시도해 보자. 정성을 들인 평가와 이유 있는 추천이라면 분명 사람들이 관심을 가질 거야.

하지만 잊지 말아야 하는 것이 하나 있어. 사람마다 좋고

싫은 것에는 차이가 있다는 거야. 내게 좋다고 해서 남에게도 꼭 좋다는 뜻은 아니야. 추천하되 강요하지 않는 자세가 중요해. 이 규칙을 기억한다면 너 역시 친구의 추천을 즐겁게 받아들일 수 있어. 이런 때 내가 좋아하는 것을 뛰어넘는 멋진 경험을 하게 되기도 하지.

2 뭐든 한번
꾸며 보는 건 어때?

 낙서가 멋있어질 수도 있어? 나는 낙서하는 걸 좋아
해. 가끔 나도 모르게 딴생각에 잠겨서 연필로 무언지 모
를 무늬를 한참 그리고 있을 때가 있어. 하지만 내 낙서에
는 엄연히 취향이 있어. 낙서하기 좋은 연필과 공책이 따
로 있거든. 엄마는 내가 수업에 집중하지 못해서라고 생
각해. 하지만 그냥 아무거나 쓰고 그리면서 종이를 채우
다 보면 마음이 편해져. 너도 이런 적 있어?

나는 손으로 뭘 그리고 쓰는 게 재밌어. 으아, 잠깐! 잘
한다는 말은 아니야. 하지만 나를 둘러싼 것들이 예쁘고
기분 좋았으면 해. 그런데 공들여서 그렸는데 잘되지 않

으면 어쩐지 부끄러워. 그래서 쑥스러우니까 대충 하는 척해. 하지만 낙서처럼 그림을 휙휙 그리고 글씨를 쓱쓱 써서 멋있게 만드는 사람이 부러워.

—오늘도 손이 심심한 선후

친구의 재능이 부러워 내 친구는 그림을 잘 그려. 한번 은 선생님 얼굴을 못생기게 바꿔 그려서 수업 시간에 큭 큭 웃다가 혼날 뻔한 적이 있어. 교과서 구석에 페이지마 다 개구리를 조금씩 다르게 그려서 빨리 넘기면 개구리가 뛰어오르는 것처럼 보이는 거 알아? 친구가 수업 시간에 그 그림을 보여 줘서 나도 모르게 개구리처럼 꾸루룩 하 고 웃음을 참았어.

—웃길 수 있다면 그림도 그려 보고 싶은 영지

공책 사면 첫 3페이지까지만 재밌게 써 세상에는 만 드는 것마다 예쁘고 멋있는 '금손'인 친구들이 많아. 그런

친구들을 보면 나도 멋지게 하고 싶은데 잘 안 되네. 왜 선

만 그어도 친구랑 나랑 다르지?

다이어리 꾸미기가 유행이라 나도 다이어리를 사 봤어.

야심차게 시작했는데 1월만 겨우 채우고 시들해졌어. 엄

마한테 공책을 또 사야 한다고 하니까 앞에만 쓴 공책이

너무 많다고 혼내셨어. 나도 그러려고 한 건 아니었단 말

이야. 도와줘!

　　　　　　　　　―오늘도 새 공책을 사고 싶은 진우

 누가 내 다이어리를 자꾸 훔쳐봐 나는 산타클로스가
작년에 준 다이어리를 쓰고 있어. 산타클로스…. 그래, 사

실 누군지 알고 있지만 그냥 모르는 척하고 있거든. 내가

다이어리를 꺼내서 뭐라고 쓰고 있으면 아빠가 엄청 기분

좋은 얼굴로 쳐다봐. 그래서 일부러 다이어리를 들고 거

실에 왔다 갔다 한 적도 몇 번 있다니까?

문제는 우리 언니가 자꾸 내 다이어리를 훔쳐본다는 거

야. 내 다이어리는 일기장이 아니라서 아주아주 중요한

내용은 없긴 한데, 그래도 싫어. 저번에는 언니가 내 다이어리에서 보고 나랑 제일 친한 친구에 대해 아는 척 말해서 너무 짜증 났지 뭐야.

　그런데 언니가 내 다이어리가 예쁘다고 칭찬을 하더라. 나는 그냥 친구들이 하는 것처럼 펜이랑 스티커만 썼는데. 언니가 더 꾸며 보라면서 스티커를 새로 사 줬어. 스티커를 안 받을 이유는 없잖아? 그래서 언니한테 화내다 말고 약간 기분이 풀렸지 뭐야. 그래도⋯ 나한테도 비밀이 있단 말이야. 언니가 사 주는 스티커는 쓰겠지만, 앞으로는 읽지 말라고 정색하고 말할 거야. 또 읽으면 그때는 싸울지도 모른다고 말이야.

— 언니로부터 다이어리를 지키고 싶은 주연

누구나 멋있는 걸 좋아해.

영화도 게임도 내용이 중요하다지만, 화면이 멋있어야 더 재미있으니까. 멋있는 이미지가 아니면 조금은 보기가 싫어지거든. 핸드폰 케이스도 핸드폰을 보호한다는 역할이 있기는 하지만, 사실 핸드폰을 멋있고 예쁘게 꾸미는 거잖아?

유명인의 SNS나 방송을 보면 멋지고 예쁜 물건이 세상에는 정말 많아. 그 물건들이 처음부터 있었던 건 아니잖아? 내가 좋아하는 웹툰도 누군가가 고민하고 연습해서 완성한 결과물이야. 인간이 공들여 만들어 낸 귀엽고 예쁘고 멋있는 것들에는 누구나 관심을 갖게 되지.

공책의 첫 페이지에 이름을 멋지게 적는 것부터 시작하자. 공책에 바로 적으면 망칠지도 모르니까, 다 쓴 공책에 연습을 해 보자. 이름을 적고 학교와 학년, 반을 적어 보자. 평소와 다른 글씨체로 써 보는 거야. 집에 있는 책 표지들에 있는 제목 글씨체를 보고 내 이름을 그 글씨체처럼 그려 보면 어때? 한번에 완벽하지 않아도 괜찮아. 연습해 보자. 마음에 드는 공책이 내 것이라는 표시를 신나게 해 보는 거야. 공책을 다 쓸 때까지, 지금의 즐거움이 지속되도록.

선물받은 다이어리가 있어? 그러면 나만의 다이어리를 꾸며 보자. 꾸민다는 건 눈으로 보기에 아름다워야 한다는 말이지만, 내게만 멋진 다이어리도 세상에 있거든. 자그마한 목표를 세워 봐. 그리고 다이어리에 매일 목표를 달성했는지, 안 했는지를 적어 보는 거야. 작은 목표는 이런 거야.

☐ 우리 집 고양이 후추 사료 주기
☐ 고양이 화장실 청소하기

고양이가 건강해야 나랑 더 오래 놀 수 있으니까! 어제는 학교에서 속상한 일이 있어서 도망가려는 고양이를 꼭 끌어안고 한참 마음 속 이야기를 털어놓았지. 그렇다면 휴일만큼은 고양이 돌보는 일을 책임지는 거야. 한 달 중에 휴일이 총 며칠이야? 달력에서 세어 보면 평균 8번 정도의 휴일이 있을 거야. 다이어리에 '휴일 고양이 집사'라는 항목을 만들어 보

자. 8개의 칸을 비워 놓고, 고양이를 잘 돌본 날은 체크 ☑ 표시를 하는 거야. 이렇게 한 달씩 채워 나가자.

나만 고양이 없어! 우리 집에만 강아지 없어! 그렇다면 다이어리에 내가 좋아하는 고양이와 개의 그림을 그려 보면 어때? 누구나 동물과 함께 살 수 있는 건 아니야. 동물을 잘 돌볼 사람이 없어서, 동물의 털에 알레르기가 있어서 같이 살지 못하는 경우가 많아. 그 대신에 산책길에 만난, 인터넷에서 본 고양이와 개를 그려 보자. 털 색깔이 어땠어? 눈은 어떻게 생겼어? 귀는? 꼬리는? 그렇게 나의 동물 그림 수첩을 모아 보자. 애니메이션 「UP」(2009) 봤어? 거기에 나오는 강아지도 귀여워. 그건 이미 그림으로 그린 개니까 따라서 그려 보자.

고양이 그림에도 강아지 그림에도 별로 관심이 없다고? 그렇다면 다른 목표를 찾아보자. 작은 목표는 무엇이든지 가능해. '할 일'을 찾는 게 쉽지 않다면 매일 '한 일'을 적어 봐도 좋아. 엣헴, 다이어리 꾸미기의 기본에 대해서라면 친구들이 유튜브에 영상도 많이 올려놓았는걸. 오늘 누구랑 집에 왔어? 학원 옆자리에는 누가 앉았어? 온라인 강의를 들으면서

꾸벅 졸았다면 그건 작은 글씨로 표시해 볼까. '잠'이라고 말이야. 아침에 일어났는데 기분이 좋았다면 태양 스티커를 붙여 보자. 집에 와서 어른들 몰래 늦게까지 안 자고 있었다면 우산 스티커를 붙여 보자. 날씨 스티커를 꼭 날씨를 표시하는 데 써야 하는 법은 없으니까.

재미도 의미도 너 스스로 만들 수 있어.

하루, 이틀, 사흘 기록하는 동안은 제자리에서 뜀박질하는 것처럼 재미없을지도 몰라. 하지만 그게 열흘, 한 달, 1년 치가 모이면, 너 자신의 한 해가 담긴 멋진 추억을 완성하게 되는 거야. 그렇게 적다 보면 페이지를 어떻게 꾸미면 더 보기 좋을지, 더 기록하고 싶어질지를 알게 될 거야. 칸이 비었는데 할 게 없으면 그냥 깡충깡충 토끼 스티커를 붙여 보자. 의미를 따지지 않아도 귀여운 건 귀여우니까.

내 친구는 '깔깔 공책'을 가지고 있어.
'나 잘남 공책'을 가지고 있는 친구도 있어.

'깔깔 공책'은 웃긴 말을 적는 공책이야. 널 웃게 한 말을 적어 봐. 친구 이름, 상황을 적어 보자. 그렇게 '깔깔 공책'을 채워 보자. 시험 때문에 마음이 조마조마할 때, 친구랑 싸워서 자기 전에 눈물이 날 때, '깔깔 공책'을 펼쳐 보는 거야.

'나 잘남 공책'은 뭔지 알겠어? 내가 잘난 순간을 기록하는 거야! 내가 받은 칭찬을 수집하는 거지. 칭찬을 받으면 기분이 좋지? 그러니까 기분에 따라 펜 색깔을 골라 보자. 노란 색깔 칭찬에는 노란 펜을, 초록 색깔 칭찬에는 초록 펜을 쓰는 거야. 마음이 따뜻해지는 칭찬에는 둥근 글씨체가 어울리겠다. 엄마에게 "고마워, 오늘 덕분에 집이 더 깨끗해 보인다!"라는 말을 들었어? 이 말을 적어 두자. 친구를 보건실에 데려다 준 경험도 있어? 친구가 너무 아파서 나한테 고맙다는 말을 잊어버린 것 같지? 그러면 내가 한 좋은 일이니까 공책에 기록해 놓자. 내가 좋은 사람이 될 수 있다는 증거를 모아 두는 거야. 다른 사람이 칭찬해 주는 것도 멋지지만, 이렇게 언제든 내가 나를 칭찬하고 싶을 때 펼쳐 볼 공책을 만들어 간다는 것도 근사하잖아. '나 잘남 공책' 어때?

다이어리 말고 또 무엇을 꾸며 볼 수 있을까? 가족의 도움을 받아서 방을 꾸며도 좋아. 잘 찾아보면 근사한 소품들이 많아. 태양계 행성의 궤도 모양을 한 모빌 같은 것들. 영화에서 본 물건 중에는 '드림 캐처'라는 것도 있더라고. 아메리카 원주민의 수제 장식물이라고 해. 고리를 기본으로 하는 모양인데 아메리카 원주민은 '드림 캐처'가 악몽을 잡아 준다고 믿었대.

방문 앞에 내가 뭘 하는지 팻말을 걸 수도 있어. 방문을 꾸며 보는 거야. '공부 중' '게임 중' '들어오지 마시오' 같은 식으로 몇 가지 팻말을 적어 보자. 게임 하는 시간을 줄이는 대신, 방문 앞에 '게임 중'이 붙어 있는 동안은 다른 가족들이 방에 안 들어오기로 약속해 볼 수도 있고. 꾸미는 작업은 이렇게 의미를 부여하고 기능을 만드는 일이기도 해.

그리거나 만드는 일에는 도무지 자신이 없다면, 가장 쉽게 눈이 즐거워지는 방법을 알려 줄게. 자, 먼저 책장 앞으로 가자. 책장에 책등 부분이 보여? 저마다 색깔이 다 다르지? 책을 정리할 때, 시리즈별로 모아 두잖아. 오늘은 조금 다르게

해 보자. 책등의 색깔별로 모으는 거야. 이 칸은 파란색끼리,
저 칸은 노란색끼리 말이야. 몰입해서 책장을 한번 컬러풀하
게 바꿔 보니까, 어때? 이제 사진을 한 장 찍어 보자. 찰칵!

3 그래도 게임은 좋아한다면

게임 중독이라고 상담 받음 게임을 직업으로 하고 싶어. 그러면 어른들 눈치 보지 않고 게임만 할 수 있을 텐데. 그런데 나는 게임을 톱급으로 잘하는 건 아니야. 그래서 프로 게이머가 되겠다고 우기지는 못하겠어. 지난달에는 게임 머니를 너무 많이 질러서 아버지한테 혼났어. 내가 잘했다는 건 절대 아니지만, '현질' 없이 게임하는 거 정말 힘들단 말이야. 나는 어머니하고 같이 안 살아. 아버지하고 살아. 아버지는 내가 게임을 좋아하는 게 어머니가 안 계셔서라고 생각하는 거 같아. 그런가? 나는 잘 모르겠어. 하지만 혼자 집에 있을 때 게임을 하는 게 자연스

럽게 느껴지는 건 사실이야.

할아버지하고 고모가 아버지한테 이야기해서 얼마 전부터 상담을 받기 시작했어. 의사선생님은 '중독'이라는 말은 조심해서 써야 한다고 하더라. 내가 혼자 힘으로 게임을 하지 않을 수 있는지 확인해 보재. 그래서 한 달째 게임 시간을 조정하고 있어. 첫 번째 주에는 하루에 5시간을 하는 바람에 아버지하고 싸웠는데, 이번 주에는 하루 1시간만 했어. 계속 이렇게 할 수 있을까? 잘 모르겠다.

그런데 있잖아. 나도 사실 게임에 너무 빠져 있고 싶지는 않아. 내년 이맘때에는 성적도 좀 올랐으면 좋겠다.

—마음만은 공부왕인 지소

 보드게임 잘하려고 영어 공부 시작 미국에서 사촌이 놀러 왔어. 걔는 한국어가 서툴고 나는 한국어만 잘해서 처음에는 친해지기 어렵겠다고 생각했거든? 그런데 외삼촌(사촌의 아버지 말이야)이 같이 놀라면서 보드게임을 5개나 가져다준 거야. 이거 다 나 가지래. 근데 영어로

되어 있어서 사촌이 설명을 해 줘야 해. 그 덕분에 사촌하고 친해졌지 뭐야.

너네 보드게임 해 봤어? 외삼촌네가 우리 집에 있으니까 이모네 식구도 놀러 왔거든? 대학생인 사촌 언니가 내 보드게임 보더니 너무 부러워하는 거야. 이런 거 엄청 비싸대. 그래서 대여점 가서 돈 내고 잠깐씩 하는 거래. 나보고 하나 달라고 했는데, 5개 다 그림이 엄청 예뻐서 고민 중이야. 보드게임은 그림이 다 예술이야.

그리고 보드게임에 영어가 많이 쓰여 있어서 나 갑자기 영어 공부 열심히 하게 됨. 너희도 보드게임 한번 해 봐. 여러 명이 둘러앉아서 해야 재미있으니까 친구들하고 같이 말이야.

—사촌들 덕분에 영어 실력이 (아주 약간) 늘고 있는 나린

 멋진 비주얼을 만들어 보고 싶어 나는 스토리가 강한 게임을 좋아해. 그래서 직접 게임을 하기보다는 유튜브에서 게임 스토리 요약 영상을 더 자주 찾아봐. 그거 알아?

영화보다 더 재미있는 스토리를 가진 게임이 세상에는 정말 많아. 그런 게임들은 비주얼이 진짜 좋거든. 사람들이 처음 보는, 깜짝 놀랄 비주얼을 만드는 사람이 되고 싶어. 게임 세계관을 만드는 일을 해 보면 어떨까?

— 머릿속으로 매일 새로운 세계를 만드는 이선

 내 친구들은 게임 친구들이야 나는 학교 친구들과 마주 보고 이야기하거나 운동을 함께하는 게 어색해. 그 대신에 온라인 게임으로 친구들을 사귀어. 이게 우리 엄마, 아빠의 걱정거리라고 해. 사실 그렇게 심각한 건 아니거든. 나는 게임에 대해 얘기할 때 할 말이 제일 많아. 게임 속에서 친구들을 도와 플레이하는 것도 신나. 그런데 온라인으로만 친구를 만나지 말라고, 부모님이 신신당부했어.

나는 낯을 많이 가려. 현실에서 얼굴 보고 말하는 것은 좀 쑥스럽잖아. 게다가 내가 게임을 잘해서 게임에서는 다들 나랑 친해지고 싶어 하거든. 게임만큼 재미있고 편하게 친구 만드는 방법이 또 뭐가 있을까? 누가 알면 나한테 얘기해 줘.

 레벨 업이 가장 쉬웠어요 난 복잡한 게임을 하지는 않아. 단순한 게임을 아주 높은 레벨까지 금방 올리는 편이지. 공부는 해도 해도 성적이 잘 안 오르는데, 게임은 조금만 시간을 쓰면 금방 레벨이 올라. 그래서 공부가 안 될 때 게임을 하게 돼. 언니가 옆에서 보더니, 그런 때일수록 공부를 더 해야 한대. 그러는 언니 본인도 나랑 똑같은 게임 하는데, 자기는 대학생이라서 괜찮다나.

내가 게임에 목숨 거는 게 아니라는 것을 선생님이나 부모님이 알아줬으면 좋겠어. 밥 먹을 때 내가 게임 화면 보고 있으면 어른들이 너무 걱정스러운 얼굴을 하고 있거든. 저, 하루에 1시간도 안 해요. 이렇게 말하고 싶다, 진짜.

—레벨 클리어할 때의 성취감이 좋은 지안

엄마랑 싸웠음, 게임 끝 나는 엄마랑 맨날 싸워. 내 친구들도 그렇대. 왜 엄마들은 게임을 못 하게 하는 걸까? 엄마는 게임 왜 안 하지? 이렇게 재밌는데.

나는 스트레스 받으면 게임을 해. 물론 스트레스를 안 받을 때도 하긴 해. 어쨌거나 나름대로 이유가 있다 이거야. 내가 학교를 안 가는 것도 아니고, 학원을 빼먹는 것도 아닌데, 엄마는 나를 볼 때마다 게임 때문에 화를 내. 아빠는 그럴 때 은근히 내 편을 들어주었는데 휴가 기간 동안 나랑 하루 종일 같이 있어 보더니 엄마 편으로 돌아섰어. 이제 '엄빠'의 동시 공격이 나를 괴롭히는 중이지.

게임 그만하라고 잔소리할 시간에 게임 딱 한 판만 더 하게 해 줬으면. 하나님이 이런 기도도 들어주실까?

—부모님이 없는 사이에 게임 해야 해서 바쁜 성규

좋아하는 게 없다고 해도, 게임은 좋아하지?
게임의 어떤 면이 좋아?

과학자들의 말에 따르면, 게임과 SNS는 비슷한 면이 있다고 해. 작은 성취감을 계속 안겨 준다는 거야. 우리의 실제 인생에는 크고 작은 과제들이 있잖아. 몇 과목씩 공부해서 시험을 봐야 하고, 시험 결과에 따라 나중에 어느 학교를 갈지 정해지거나 어느 회사를 갈지 정해지지. 열심히 노력한 만큼의 결과가 나오지 않는 것 같아 좌절할 때도 있어. 가끔은 가족이 크게 아플 때도 있고, 부모님이 크게 싸울 때도 있어. 이런 일은 우리 혼자 힘으로 감당하기가 쉽지 않아.

반면에 게임은 어떨까? 모든 게임은 처음 시작할 때 플레이하기가 정말 쉬워. 그래서 금방 다음 단계로 넘어가게 되지. 작은 성취감이 계속 주어지는 거야. 게임에 집중하고 시간을 들이면 결과가 바로 달라져. 그러면 막막한 일들이 가득했던 현실과 달리 게임 세계에서는 일이 술술 풀리는 기분이 들지. 그런데 현실에서는 시험 점수 10점 올리기도 쉽지 않고, 운동 30분 하기도 보통 어려운 게 아니야. 게다가 화려한 그래픽, 효과음, 그리고 함께 게임하는 친구들까지. 게임 세계에는 우리를 집중하게 만드는 요소가 많이 있어.

게임은 우리를 웃게 하고, 성취감을 느끼게도 하지.

게임이 긴장을 풀게 도와주기도 해. 하지만 게임이 다른 인간관계를 전적으로 대체하거나, 사회적 성취를 완전히 대신할 수는 없어. 게임에서 얻을 수 있는 재미를 게임에서만 얻을 수 있는 것처럼, 게임 밖에서 우리가 노력해야 하는 것들은 오로지 게임 밖에서 노력하는 수밖에 없어.

꼭 프로 게이머가 아니더라도 게임에 관한 일을 직업으로 삼을 수 있어. 게임을 만드는 회사들도 아주 좋은 직장이지. 하지만 어떤 일을 직업으로 삼는 것은 단순히 좋아하는 정도로는 되지 않아. 게임을 만드는 회사에서 일하고 싶다면, 게임을 다양하게 플레이해 본 경험도 중요하지만 다른 능력도 필요해.

학교에서 코딩을 배워? 아니면 학원에서? 게임 회사에 관심이 있다면 코딩을 열심히 배워 보자. 코딩은 게임을 개발하는 데 필요한 기초적인 능력이니까. 기획하는 능력이 있으면 그것도 도움이 되겠지. 기획은 '어떤 일을 꾀하고 계획하는 것'을 뜻해. 게임을 기획하는 것은 게임의 모양새를 고민하는 거야. 퍼즐 게임을 만들까? 아니면 전투 게임? 캐릭터는 어떻게 설정할까? 세계관은? 배경 음악은 어떤 느낌이면 좋을까? 네가 만들어 보고 싶은 게임이 있다면 한번 그림을 그리고 게임 내용을 써 보자. 비슷한 게임이 있다면 비교하는 글도 써 봐. 폭넓은 시야를 갖는다면 꼭 게임을 만들거나 게이머가 되지 않아도 재밌는 일을 하게 될 수 있을 거야. 게임 해설을 할 수도 있고 게임 스트리머가 될 수도 있겠지.

**하고 싶지 않은 것도 하면서 우리는 어른이 되어 가.
계속하다 보면 어느 순간 능숙해지기도 하지.**

보드게임을 만든 사람들도 처음에는 보드게임을 하는 사람이었어. 게임을 많이 하다 보니 자기가 만들고 싶은 게임을 새로 만들게 된 거야. 그런데 플레이해 본 경험이 아무리 많다고 해도, 처음부터 완벽한 게임을 만들 수는 없어. 누구나 시행착오를 겪어야 해. 만들어 보고, 실패하고, 실패한 내용은 수정하는 노력이 필요해. 그러다가 '갓겜'을 만드는 날이 올 수도 있는 거야.

게임의 오류를 파악하려면 어떻게 해야 할까? 여러 사람이 플레이를 해 보면 좋겠지? 이때 여러 사람의 의견을 잘 받아들이는 것도 중요해. 그러려면 의사소통 능력이 필요하지. 혼자 게임에 집중하는 게 다가 아니라, 다른 사람들의 게임 플레이 경험을 알아보는 거야.

혹시 제페토 같은 가상 현실 공간에서 노는 걸 좋아해? 그 안에서 크리에이터가 될 수도 있어. 우리가 재미있게 생각하는 공간에서 즐겁게 시간을 보낸다면 그 안에서 소비자가 되는 만큼 생산자가 될 수도 있는 거야. 가상 현실에서 크리에이터가 되었다가 현실에서 크리에이터가 될지도 모르겠다.

재미있게 놀기 위해 돈도 많으면 좋겠고, 시간도 많으면 좋겠다는 생각을 할지도 몰라. 하지만 게임만 하고 지내기에는 청소년기의 우리에게는 다른 해야 할 일도 많아.

게임과 관련된 일이 장래 희망이라서 게임을 할 수도 있지만, 대부분의 사람은 그저 시간을 보내기에 좋아서 게임에 빠져들지. 그래도 괜찮아. 하지만 '잠깐' 시간을 보내는 일과, '많은' 시간을 게임에 빠져 지내는 일은 달라. 게임에서 밥을 먹어서 배불러지지는 않지? 게임에서 잠을 대신 잘 수도 없고. 오프라인에서 친구를 만나고, 가족과 시간을 보내고, 학교 공부를 성실히 하는 일은 우리가 인간으로 이 세상에 살아가는데 필요한 일이라는 걸 잊지 말자.

게임이 주는 성취감 때문에 경쟁 심리가 발동되기도 해. 그래서 유료 아이템을 결제해서 얼른 앞지르고 싶은 마음이 들기도 하고. 한번 유료 아이템을 이용하기 시작하면 중간에 그만두기가 어려워져. 친구나 가족 중 누군가가, 혹은 너 자신이 유료 아이템 결제 때문에 어른에게 혼난 적이 있어? 아니면 혹시 충동적으로 아이템을 결제해 버린 일을 후회하고 있어? 그렇다면 어른들에게 도움을 구해 보면 어떨까? 어떤 일들은 혼자 마음만 먹어서는 해낼 수 없거든. 문제를 숨기고 있으면 더 커지기만 해.

게임을 1시간 했다면 개를 데리고 동네 한 바퀴 산책을 해 보자. 내가 만들어 보고 싶은 게임을 생각했다면, 어떻게 실현할 수 있을지 궁리해 보자. 플레이어에 멈추는 게 아니라 크리에이터가 되어 보자. 어떤 어른들은 게임이 무조건 나쁘다고 생각하지만, 그렇지 않다는 걸 증명해 보자.

스트레스가 많을 때는 게임을 하면서 풀어도 좋아. 친구들과 게임에서 친해지는 일도 좋아. 하지만 게임을 좋아한다면 네가 가장 잘 알고 있을 거야. 눈 깜짝할 사이에 숙제할 시간도, 밥 먹을 시간도 놓치기 쉽다는 것을. 친구들과 웃으며 게임하기도 하지만 험악하게 싸우기도 쉽다는 것을.

재미있는 놀이를 재미있게 계속하기 위해서는 그에 따르는 책임감도 가져야 해.

그래야 앞으로 오랫동안 게임을 신나게 할 수 있지. 시간을 혼자 조절하기 어려우면 어른들에게 도움을 요청해도 괜찮아. 네가 마음을 터놓고 이야기하면 어른들도 도와줄 거야.

여러 노력이 합쳐져 오랫동안 재미있게 게임할 수 있으면 좋겠다!

4 뭐든 꾸준히 하는 것은
자신 있다면

 매일매일을 지키는 슈퍼 히어로 저는 재미있는 애는 아니에요. 학교에서 아주 눈에 띄는 편은 아니거든요. 성적이 뛰어나게 좋지도 않고, 노래나 춤에 재능이 있지도 않아요. 외모도… 그냥 보통이고요. 어디에 있어도 중간에 있는 애라는 생각이 들어서 사실은 좀 괴로워요. 언젠가 아빠한테 이런 얘기를 한 적이 있는데요, 아빠 말로는 아빠도 그런 고민을 한대요. 지금도 한대요. 어른이 된 지 몇십 년째인데도 어렵대요. 1등을 해야 대학에 가는 것도 아니고, 춤이나 노래에 재능이 있어야 인기가 생기는 것도 아니라면서 걱정 말라고 해요. 어쩐지 이 위로조차 애매

하다고 생각했는데, 마지막으로 아빠가 들려준 말은 좋았어요. 아빠나 저 같은 사람이 매일매일을 지키는 슈퍼 히어로래요. 평범한 하루야말로 값지고, 평범한 사람들 역시 그렇다고요.

—슬슬 평범한 걸 좋아하게 될 것 같은 문영

인기가 많은 것도 없는 것도 아닌 친구들 사이에서 나는 믿을 만한 애로 꼽혀. 아마 그런 것 같아. 나는 개성 부족이라고 느끼는데, 저번에 롤링페이퍼 할 때 보니까 애들이 나를 모두와 친하다고 생각하더라고. 누구하고나 잘 지낸다는 거야. 그래서 딱히 돈 관리를 잘하는 것도 아닌데 자꾸 나한테 자기들 모임에 들어오라고 권하고 총무 같은 걸 시킨다? 늘 친구들의 중심에 있는 기분이라고 할까? 할아버지가 이 얘기를 들으시더니, 밥 굶을 일은 없겠다고 하셨어. 곁에서 아빠도 웃었고. 분위기상 칭찬인 거 같은데 기분 묘하네.

—공부 말고 우정은 수준급인 주선

장래 희망을 빈칸으로 제출했다 선생님이 장래 희망을 써오라고 숙제를 내주셨다. 나는 아무 생각도 나지 않았다. 엄마한테 말하면 혼날까 봐 그냥 혼자 가지고 있다가 빈칸으로 제출했다. 선생님이 날 불러서 좋아하는 건 없는지, 장래 희망이 뭔지 물어보았다. "저는 싫어하는 건 없어요. 그런데 특별히 좋아하는 게 뭔지도 모르겠어요." 나는 그렇게 답했다. 좋아하는 게 뭔지 알고 싶다, 나도.

— 진로에 대해 고민을 시작한 연우

 개근상도 자랑해도 되나? 내 친구들은 좋아하는 아이돌이나 배우가 있다. 아이돌이 되고 싶어서 소속사에 들어가려는 친구도 있다. 그 친구가 눈을 반짝이며 자기 꿈에 대해 이야기할 때 너무 부럽다는 생각이 든다. 나도 뭘 그렇게 강렬하게 원할 수 있을까? 엄마한테 이런 얘기를 했더니, 학교에 빠지는 날이 없이 개근하는 것을 자랑스럽게 여기라고 한다. 누구나 다 개근상은 받지 않나? 엄마의 해석으로는, 성실함이야말로 사회가 원하는 최고 덕목

이라고 한다. 부디 그랬으면.

—결석도 지각도 안 할 자신이 있는 성훈

 사람들 앞에 나서기 싫어 내가 가장 좋아하는 장소는
학교 도서실이야. 사람이 없을 때 창가에 있는 구석 자리
에 숨어서 책을 읽으면 마음이 편해. 나는 구석 자리를 찾
아다니는 사람이야. 친구들하고 관계는 좋지도 나쁘지도
않은데 그냥 혼자 있는 게 편해. 아주 가깝게 지내는 친구
한 명이 있지만, 다른 아이들하고는 그다지…. 같은 학교,
학원 다니는 사이인 거지 뭐. 나는 책을 읽으면서 천천히
생각을 정리하는 게 좋아. 근데 어른들은 책 좋아하면 공
부 잘하는 줄 알더라. 난 단지 책 사이에 있는 걸 좋아하는
건데. 난 공부에 관계되는 책을 읽는 게 아니거든. 어쩌면
난 책보다 도서실을 더 좋아하는지도 모르겠다. 나는 소
심하고 혼자 있는 게 좋고, 친구 관계도 좁은데…. 앞으로
뭘 하면 좋을까? 가끔은 걱정된다니까.

—멋진 구석 자리를 많이 아는 은영

다른 친구들은 다 하고 싶은 게 있는 것처럼 보이는데, 나만 혼자 붕 뜬 기분이 드는 날이 있어.

다른 친구들은 공부든 예체능이든 재능이 선명해 보이는데, 나는 유독 색깔 없는 사람처럼 느껴지는 날이 있어. 어른들은 다 자신만만해 보이는데, 나는 할 줄 아는 게 하나도 없는 것 같고. 앞으로 무슨 공부를 하고 어떤 일을 해야 할지 알 수 없는 기분에 빠지는 날이 있어. 그런데 네 눈에 자신만만하고 뛰어난 능력자로 보이는 사람에게 물어보면, 그들도 너와 비슷한 어려움을 겪는 날이 있다는 사실을 알게 될 거야.

다른 사람의 재능을 알아차리기는 더 쉬워. 객관적인 시선으로 보게 되거든. 객관적인 시선이 뭐냐면, 음, 쉬운 말로 하면 '남의 일'이기 때문에 더 분명하게 바라볼 수 있다는 뜻이라고 할까? 나 자신의 재능이나 장래에 대해 생각할 때, 우리는 복잡한 여러 가지 환경을 생각하게 되잖아. 우리 부모님이 나를 어디까지 도와주실지 걱정이야? 내 성적이 중간 이상인 이유가 (다른 친구들에게는 공부 안 한다고 했지만) 사실 아주 열심히 공부하기 때문이라 쑥스러워? 나는 알지만 남은 모르는 사정이 있으니 나는 잘하기 어려운 듯 느껴지니? 남들은 다 순탄한 환경에서 쑥쑥 해내는 것처럼 상상하고 있다면, 누구나 자기 상황은 어렵고 곤란하게 느낀다고 말해 주고 싶어.

다들 자기 자리를 향해 분주히 달려가는 것처럼 보일 때가 있어. 나는 어디인지도 모르는 곳에 서 있는데 말이야. 또는, 다른 사람들 앞에서 나를 내보이고 인정받는 일이 불편하게 느껴질 수도 있지. 그냥 조용히 있고 싶은 기분. 아니면 그 반대의 기분일 수도 있어. 떠들썩하게 어울려 놀기는 좋지만, 그것 말고는 뭐가 신나는지 모르겠단 말이지.

우리는 누구나 '다른 사람'과 함께 살아가. 사람과 사람 사이에 존재하는 믿음 중에서, '상대가 변하지 않으리라는 믿음'만큼 귀한 것은 찾기 어려워. 친구와 가족에 바라는 것, 그리고 어른들이 직장 동료에게서 기대하는 것이 바로 그런 믿음이거든. 반짝 재미있거나, 반짝 신기한 것이 멋진 건 사실이지만, 매일 재미있고 반짝이기만 할 수는 없으니까. 믿음을 주는 것은 잘 변하지 않는 것들이야. 꾸준한 사람도 마찬가지지. 약속한 시간을 지키는 사람이나 공부를 빼먹지 않는 학생은 결국 무엇이든 될 수 있을 거라고 믿어.

나도 너도 다른 아이들이 볼 때는 '엄마 친구 딸'이고 '엄마 친구 아들'일 수 있어. 씩씩하고 공부도 잘하고 사교성도 좋은 아이. 남들 눈에는 너 또한 꽤 자신만만한 아이로 보일 수도 있다는 거야. 꼭 특별한 게 정답은 아니야. 우리는 모두 아이돌이 될 필요는 없어. 전부 다 우주 비행사가 될 필요도 없지.

성실함을 자랑스럽게 여기자. 꾸준한 사람이 되자.

그래도 가끔은 눈에 띄고 싶고, 존재감을 확인받고 싶을 때가 있지? 답답한 마음이 들 때면, 몸을 움직이는 일을 해 보자. 운동을 하나쯤 배워 보는 것도 좋아. 다른 사람들과 함께하는 운동을 배워 보는 건 어때? 아니면 수영을 배워도 좋겠다. 언젠가 여행을 가서 바다에서 스쿠버 다이빙을 하게 될 날이 올지도 모르니까. 아니면 악기나 그림을 배워도 좋아. 이런 활동들은 전부 힘을 발산하고 나를 표현하는 일이거든.

차분한 성격에 혼자 있을 때가 편하다면, 오히려 그와 반대되는 활동을 적당히 하는 거지. 몸이나 마음이 너무 힘들지 않을 정도로만 말이야.

그런 다음, 재능이 있는 친구들을 진심으로 축하할 줄 아는 사람이 되자.

의기소침해하는 대신 축하하는 사람이 되는 거야. 그리고 축하받을 일이 있을 때는 가족이나 친구에게 자랑도 해 보자. 어쩌면 친구들은 너의 성실함을 부러워하고 있을지도 몰라.

5 유행은 따라 해야 직성이 풀린다면

 순위 전문가 같은 직업도 있을까? 난 순위 프로그램이 너무 좋음. 후…, 진짜 좋음. 음악 방송에서 이번 주 1등이 누가 될지 후보인 가수보다 내가 더 조마조마해.

마트 가면 인기 품목 붙어 있는 데가 있거든? 나는 그런 것도 절대 안 놓치지. 인기 검색어라든가, 인기 영상 같은 것도 계속 찾아봐. 매일 바뀌거든. 사람들이 매일 새로운 걸 찾고, 사고, 쓰는 게 놀랍지 않아? 예능 프로 중에서도 순위 매기고 해설하는 프로를 많이 봐. 시청률이 높다는 프로그램은 재미없어도 참고 볼 때도 있어. '천만 영화'도 마찬가지야. 남들에게 관심이 많기도 한데, 그냥 요즘 뭐가 뜨는지 알고 싶어. 그래서 뉴스도 좋아한다? 어른들이랑 저녁에 뉴스 같이 봐. 지도나 통계 이런 거 나오면 재밌어. 사실 무슨 뜻인지 잘 이해가 안 되는 얘기도 있지만, 뉴스에서는 해설을 해 주니까.

많은 사람의 관심이 한데 모이는 이유는 뭘까? 난 이런 궁금증을 해결하는 사람이 되고 싶어. 나중에 세상에서 인기 있는 것만 모아서 얘기하는 유튜버도 해 보고 싶어. 어떨 것 같아?

— 순위 애호가 혜중

 '덕질'의 기본은 충성심이야 아, 요즘 친구들이 새로 뜨는 아이돌 좋다고 해서 좀 화나. 얘들아, '덕질'은 한 그룹을 꾸준히 좋아하는 거야. 그렇게 신인 나올 때마다 옮겨 다니면 어떡하니?

물론 나도 '유행템' 따라다니는 게 재밌어. 그래서 SNS도 열심히 보거든. 하지만 그건 그거고 이건 이거지. 물론 나도 신인 아이돌의 데뷔 무대는 다 한 번씩 체크해. 하지만 나의 '원픽'은 언제나 한 명이라고.

우리 이모가 방송국 다니는데 맨날 나한테 요즘 나랑 친구들 사이에서 누가 인기냐고 물어보더라. 물론 내가 제일 잘 알지. 크크.

—인기를 따라다니는 것도 아닌 것도 아니지만 아무튼 전문가 린

드라마보다 광고가 더 기대돼 여기 혹시 광고 보는 거 재밌어 하는 사람 있는지 물어보고 싶어. 난 그렇거든. 내 친구는 광고가 지루하고 얼른 끝나면 좋겠다던데 나는 아니야. 광고가 재밌음. 일단 화면이 빨리 바뀌고 영상이 화려하잖아. 요즘 뭐가 뜨는지도 알 수 있고. 엄마가 그랬는데 방송이나 유튜브에 광고하는 건 잘 팔리거나 잘 팔릴 만한 물건이래. 그래서 비싼 돈을 내고 홍보하는 거라고. 광고만 잘 보면 사람들이 뭘 좋아하는지를 한눈에 알 수 있는 그런 기분이 든다고 해야 하나. 유명한 배우들이나 아이돌도 많이 나오니까 더 좋아.

드라마보다 광고가 더 재밌어. 복잡하게 줄거리를 파악

하지 않아도 되고, 더 멋있게 만드는 것 같아. 광고 한번 유심히 봐 봐. 내가 안 사는 물건이 많아서 그런지 더 드라마 보듯이 보게 된다니까?

─초초초 짧은 영상을 좋아하는 영주

 형한테 혼날 뻔 작년까지는 친구들 사이에서 내가 피규어 전문가였어. 우리 형이 나랑 나이 차이가 많이 나는데 피규어를 많이 모았거든. 형이 새로 살 때마다 하나씩 보여 주면서 설명해 주고 그래. 그러니 나도 잘 아는 편이지.

나 혼자 알고 있기는 아까워서 블로그를 시작했어. 조금 더 큰 무대로 진출한 거지. 흠, 블로그에 형 거라는 말은 안 썼지만… 혈육이 수집한다고는 했는데 이 정도는 괜찮지 않음? 근데 어느 날 이상한 댓글이 달린 거야.

"너 현수냐?"

나는 깜짝 놀랐어. 왜냐면 내 이름은 현수가 아님. 우리 형 이름이 현수임.

그날 집에 왔더니 형이 나한테 묻더라고. 자기 피규어로

블로그 하고 있냐고. 내가 그렇다고 했더니, 형이 자기 친구가 얘기해 줘서 봤는데, 너무 재미있게 잘 썼다고 하는 거야. 그러면서 형이 피규어 주인인데 허락 안 받고 몰래 쓰면 안 되는 거라고. 자기한테 말하면 설명도 더 많이 해 줄 거래. 주인이 따로 있는 물건에 대해서는 조심해야 한다고 몇 번이나 강조하고 나서 내 블로그 칭찬을 해 줬어.

미리 허락받을 걸. 그냥 혼자 심심해서 올리다가 사람들이 많이 봐서 신이 나는 바람에 허락받는 타이밍을 놓쳤거든. 이제라도 형이 알게 되어서 다행인 거 같아. 형 친구들도 재미있게 봤대.

—**피규어 전문 유튜버가 꿈인 현종**

 줄 선 가게 보면 꼭 들어가 봄에 제주도로 가족 여행을 갔어. 식당을 찾아갔는데 글쎄, 사람들이 줄을 길게 서 있는 거야. 엄청 길게! 그걸 보더니 식구들이 다른 곳에 가자고 하더라? 난 줄을 서자고 했지. 당연한 거 아님?

가게 앞에 줄이 그렇게 긴 데는 다 이유가 있잖아. 난 그게 정말 궁금해. 왜 인기가 많은 가게일까? 맛? 분위기?

뭔가 이유가 있겠지? 줄을 길게 선 가게만 보면 들어가 보

고 싶어. 나중에 어른이 되면 줄 긴 가게만 다 가 볼 거야!

—줄 서느라 힘든 건 아직 잘 모르겠는 안나

어떤 것이 좋은데
그 이유가 무엇일까 궁금했던 일이 있어?

어떤 사람이, 혹은 어떤 물건이 왜 인기 있을까 생각해 본 적 있어? 그 연예인이 재능이 뛰어나서. 그 굿즈가 예뻐서. 그 이 어폰이 성능이 좋아서. 여러 이유가 있겠지. 하지만 때로는 인 기 있기 때문에 좋아하게 되기도 해. 누군가가, 무엇인가가 인 기를 크게 얻으면 우리 눈에 자주 띄기 시작하거든. 자주 보다 보면 예뻐 보이고, 갖고 싶어지기도 하지. 내가 발견해서 좋아 한 줄 알았지만, 유행이라서 나도 좋아한 것일지도 몰라. 그래 서 신기하게도, 시대별로 인기 있는 취미 활동이 달라지기도 하지. 부모님이 등산을 할 때 입는 옷도 10년 전과 지금이 달라.

세상에는 무엇이 인기 있는지를 파악해서 상품을 만드는 사람들도 있어. 이미 만든 상품을 인기 있게 만들기 위해 일하 는 사람들도 있지. 상품은 물건의 형태일 때도, 사람의 형태일 때도, 서비스의 형태일 때도 있어. 어른들이든 너와 친구들이 든 돈을 쓰고 시간을 쓰는 대상에는 이런 식의 보이지 않는 노 력들이 가미되어 있지. 그래서 '나만의 취향'을 갖기란 쉬운 일이 아니야. 이럴 때 기록하고 정리하는 게 꽤 도움이 되지.

SNS에 리뷰 계정을 운영해 보면 어때?

학교와 학원 앞 마라탕 가게들, 좋아하는 학용품들, 풀어본 문제집들, 자주 가는 장소들을 올려 보자. 꼭 '좋다'와 '별로다'만으로 나눠서 쓰지 않아도 괜찮아. 각 장소나 물건의 특징을 쓸 수도 있어.

예를 들어 마라탕 가게만 해도 저마다 특징이 다 달라. 학교가 끝난 뒤 우리 학교 학생이 많이 가는 마라탕집이라는 것은 중요한 정보야. 매운맛을 좋아한다면 매운맛을 잘 내는 가게를 소개할 수도 있어. 가게 주인아주머니가 친절하다는 특징이 있는 가게도 있을 거야. 찹쌀 탕수육이 맛있어서, 특별한 날은 친구들과 꼭 찾게 되는 가게도 있겠다. 그렇지?

학교 앞에서 살 수 없는 마스킹 테이프를 파는 온라인 쇼핑몰의 제품들을 리뷰해 보자. 직접 써 본 노트나 문구들의 사용 후기를 적어 보면 어때? 숙제를 할 때, 노트 필기를 할 때 더 신경 쓰게 될 거고 재미있을 거야.

코딩을 배우고 있다면, 이렇게 직접 써 본 경험을 정리한 자료로 홈페이지를 만들고, 더 많은 사람이 손쉽게 볼 수 있도록 사이트를 만드는 일도 가능해. 코딩 선생님께 물어보자. SNS와 사이트가 다 만들어진다면, 꾸준히 업데이트하면서 관리해 나가자.

하나하나의 데이터가 모이면 세대와 지역의 유행 흐름을 살필 수 있는 방대한 자료가 돼. 요즘 '빅데이터'라는 말을 뉴스에서 자주 보게 되지? 많은 사람이 어디에 돈을 쓰고 어떻게 여가 시간을 보내는지를 파악하면 유행을 앞서 예측할 수 있어. 나아가 유행을 만들 힘도 가질 수 있지.

유행은 한 번씩 다 따라 하는 편이야? 혹시 그런 자신이 취향이 없는 것 같고, 주변 사람들하고 늘 비슷한 것 같아 고민이야? 너무 걱정할 필요 없어.

**그건 네가 많은 사람과
공감대를 가지고 있다는 뜻이니까.**

'나만의 개성'이 소중한 만큼이나 여러 사람이 공감하는 취향을 잘 아는 일 역시 귀중해. 다른 사람들의 취향을 안다는 것은 다른 사람들에게 관심을 둔다는 뜻이니까. 친구의 말을 귀담아 들어야 그 친구가 좋아하는 음식이나 과목을 알 수 있듯이 말이야.

그래서 사람들은 소통이 중요하다고 말해. 서로 다른 사람들이 함께 살면서 누가 무엇에 관심을 갖고 있는지를 잘 알수록 서로를 이해하게 되니까 말이야. 때로는 그런 일을 직업으로 삼고 큰돈을 버는 사람들도 있지. 어쩌면 네가 좋아하는 유튜버 역시 그런 사람일 거야. 인기 있는 장소에 가 보거나 유행하는 물건을 써 본 경험을 공유하며 돈을 버는 거지.

그렇다면 이제는 네게 묻고 싶어. 네 또래가 좋아하는 것에 대해서라면 어른들보다 네가 더 전문가일 테니까. 요즘 무엇이 유행하고 있나요? 그건 어떻게 하면 되나요? 왜 유행하고 있나요? 공책을 하나 가져다가 하나하나 이유를 써 보자. 가장 중요한 이유에 빨간색으로 밑줄을 긋자. 이렇게 정리한 내용을 블로그 등의 SNS에 올려 보자.

6 스포츠는 언제나 즐겁지

세상에서 축구가 제일 좋아 나는 달리기가 좋아. 그리고 경쟁하는 것도 좋아. 공부는 잘 못해. 어느 날 엄마 친구가 자기 딸이 축구를 좋아한다는 거야. 축구? 그래서 나도 축구장에 가 봤어. 그냥. 호기심이지. 축구는 학교에서도 남자애들만 하는 거라고 생각했는데 아니더라. 직접해 보니까 와, 진짜 재밌어! 이 재미를 어떻게 설명해야 할지 모르겠다. 너네도 한번 해 봐. 엄마가 청소년 축구 클럽에 등록해 줘서 나는 매주 하고 있어. 나는 수비수야. 공격수만큼 중요하지. 일단 수비가 되어야 공격도 풀리는 법!

—축구에 막 재미를 붙인 유진

뭔지는 모르지만 멋있어요 예능 프로그램에서 봤는데요. 스포츠 에이전트라는 게 있대요. 말이 어려워서 외우느라 고생했어요. 스포츠 에이전트가 나오는 「제리 맥과이어」(1996)라는 영화가 있다고 해서 봤는데요, 옆에서 부모님이 해외 진출한 운동선수들한테는 에이전트가 있다고 말씀해 주셨어요. 에이전트가 뭐 하는 사람이냐면요, 운동선수들이 소속된 구단과 선수의 계약을 중간에서 관리하는 사람이래요. 연봉을 조정하거나, 어떤 광고에 출연하면 좋은지를 상의한다고 해요. 그 밖에도 하는 일이 많이 있겠죠. 뭔지 모르지만 멋있어요.

―운동을 '보기'만 좋아하는 재연

큰누나가 갑자기 이상해졌다 큰누나는 얼마 전에 취직을 했다. 취직을 하고 나더니 갑자기 필… 필라테스 학원을 다닌다. 그러더니 옷을 잔뜩 샀다. 맨날 소파에 누워만 있던 사람이 갑자기 왜 저러는 걸까? 그런데 누나가 학원에서 배워 온 동작을 연습하더니, 엄마도 같이 학원에

다니기 시작했다. 어쩐지 나도 약간은 궁금해지기 시작했는데… 물론 아직은 누워 있는 게 백배는 더 재밌다.

—숨쉬기 운동 하느라 바쁜 재석

 야구와 숫자가 나에게 말을 건다 내 주변에는 야구를 보는 사람이 없어. 친구들은 유튜브를 좋아하고, 가족들은… 뭘 좋아하는지는 모르겠지만 야구는 아니야. 확실한 건 내가 야구를 좋아한다는 거야. 언제부터 봤을까? 왜 봤을까? 나도 잘은 모르겠어. 경기 규칙도 복잡하거든. 근데 혼자 규칙 검색하면서 보는데 너무 좋더라. 낫아웃이 뭔지 알아? 보크라는 것도 있어. 설명 봐도 되게 복잡한 규칙인데, 그런 걸 알아 가는 게 좋아. 그리고 야구 경기가 끝난 다음에 선수들 기록 보는 것도 재미있어. 숫자만 있는데도 경기 진행 상황이 훤히 보여. 나는 야구를 좋아하는 걸까, 숫자를 좋아하는 걸까? 나도 궁금해.

—외로운 야구 애호가 한빈

재활이라는 단어를 배웠어 내가 좋아하는 국가 대표 선수에 관한 뉴스를 보다가 새로운 단어를 알게 됐어. 재활. 들어 본 적 있어? 운동선수는 큰 부상을 당하면 다시 운동을 하기 위해서 특별한 치료 과정을 거친다고 해. 치료인데 운동인, 그런 건가 봐. 부상을 크게 입으면 팔을 높이 드는 간단한 동작도 하기 어렵다는 거야! 되게 무서울 거 같지? 그래서 의사나 간호사 중에서도 재활을 전문으로 하는 사람들이 있나 봐. 나 이런 거 하면서 운동선수들 도와주고 싶어. 근데 이런 거 하려면 공부 잘해야겠지? 설마 의대에 가야 하나?

—*어쩌면 진로를 발견했을지도 모르는 서영*

 온 가족 '홈트'는 내 담당 지난주에 아빠가 병원에서 퇴원했어. 어른들이 우리한테는 무슨 병인지 자세하게 얘기를 안 해 줘. 우리는 모르는 게 낫대. 칫. 그런 게 어디 있어. 어쨌든 아빠의 건강이 우리 가족의 제일 큰 관심사가 됐어. 격렬한 운동은 어렵지만 가벼운 운동은 필요하다고 해서 아침마다 온 가족이 거실에서 스트레칭을 하고 있어. 기지개를 펴고, 다리를 뻗고, 심호흡을 해. 별거 아닌 동작들인데도 막상 하고 나면 아빠 이마에 땀이 송골송골 맺혀. 나는 아빠가 너무 힘들어하지 않으면서도 하루를 힘차게 시작할 수 있는 운동 프로그램을 유튜브에서 열심히 찾아. 웃긴 건, 형의 거북목도 약간 좋아졌더라?

—**유튜브 운동 프로그램 마스터 지민**

스포츠는 언제나 즐겁잖아.

꼭 직접 하는 게 아니어도, 스포츠가 주는 역동적인 느낌이 있어. 올림픽 경기는 어때? 국가 대표 선수가 되려는 사람이 아니어도, 올림픽을 보다가 벌떡 일어나서 소리를 질러 본 경험은 있지?

물론 직접 선수가 될 수도 있어. 운동선수가 직업이 되는 경우는 여러 가지야. 종목도 다양하고, 직업으로 삼는 방법도 다양해. 올림픽에 참가하는 국가 대표 선수가 될 수도 있고, 프로 스포츠 리그에서 뛰는 선수가 될 수도 있어. 그거 알아? 운동과 관련된 직업이지만 운동을 하지 않는 일도 세상에는 많이 있어. 외국인 선수의 통역을 하는 일, 프로 스포츠 팀을 홍보하는 일, 경기장 시설을 관리하고 운영하는 일, 유니폼을 디자인하고 굿즈를 만드는 일 등 셀 수 없이 많아.

운동은 취미로도 얼마든 즐길 수 있어.
무엇보다도, 운동은 지켜보기만 해도 좋으니까!

건강한 몸에 건강한 정신이 깃든다는 말이 있어. 그 반대로도 말할 수 있지. 건강한 정신에 건강한 몸이 깃든다고 말이야. 어느 쪽이든, 우리는 누구나 할 수 있는 한 최상의 건강 상태에 있도록 노력해야 해. 태어나면서부터 병이 있을 수도 있어. 사고를 당해서 다쳤을 수도 있어. 다친 부위가 일시적일 수도 있지만, 계속 아플 수도 있고. 우리에게 주어진 몸의 상태를 잘 살피고 운동해서 최상의 내가 될 수 있도록 노력해 보면 어때?

동네 공원 걷기로 시작하자. 산책 나온 반려견들과 인사를 하고, 길고양이들을 향해 손을 흔들자. 걷기가 너무 쉬워서 지루하다면 달려 보자. 핸드폰에 달리기를 도와주는 앱이 많이 있으니까, 앱으로 내 운동 과정을 기록해 보자.

여름 가족 여행을 목표로 수영을 배워 보면 어떨까? 자유영, 배영, 평영, 접영… 전부 마스터해 보자. 물이 두렵다면, 수영 기술을 익히기보다 물에 떠 있는 연습을 해 보자. 그 역시 몸을 사용하는 일이니까.

혼자 운동하기가 지루하다면, 팀 스포츠를 해 보자. 축구와 농구는 가장 손쉽게 배워 볼 수 있는 운동이야. 동네 공원에서 배드민턴을 하는 사람들을 본 적 있지? 팀 스포츠를 하면 경쟁의 재미도 느낄 수 있고, 우리 팀 선수들과는 끈끈한 동지애가 생겨. '우리'가 함께 노력하는 일의 즐거움을, 몸으로 익힐 수 있어.

운동이 지겨울 때는 음악을 들으면서 해 보자. 음악 사이트에는 '운동'과 관련된 플레이리스트가 아주 많아. 음악을 듣다 보면 운동이 덜 어렵게 느껴질지도 몰라.

어른들은 늘 공부하라고 말해.
하지만 우리는 머리로만 사는 게 아니라 몸으로도 살아가.

공부에 집중하기 힘들 때, 고민이 많을 때, 우리가 할 수 있는 좋은 해결책 중 하나는 몸을 움직여서 마음을, 머리를 깨우는 거야. 팔을 크게 돌려 보자. 있는 힘껏 달리기도 해 보자. 신선한 공기를 마셔 보자. 그리고 어쩌면, 스포츠에서 재능을 발견할 수도 있어. 스포츠에 대한 관심 때문에 스포츠와 관련된 수많은 길로 이어지는 마음의 각오를 하게 될 수도 있지.

1991년 세계탁구선수권대회에는 남북 단일팀이 출전했어. '팀 코리아'는 사상 처음으로 여자 단체전에서 우승하면서 국민들에게 감동을 안겨 주었지. 이 이야기는 「코리아」(2012)라는 영화로도 만들어졌어. 이처럼 스포츠는 그 자체로 하나의 '이야기'이기도 해. 누군가는 이기게 되어 있고, 또 누군가는 질 수밖에 없어. 숙명의 라이벌이 있고, 또 내내 함께 경기하는 든든한 동료 선수들도 있고. 경기를 지켜보며 응원하는 관중들도 있지. 스포츠를 즐기는 사람이 된다는 건 어쩌면 그런 극적인 이야기의 주인공이 된다는 뜻일지도 몰라.

운동과 관련한 영화를 찾아보는 건 어때? 좋아하는 종목에 대한 영화를 먼저 찾아보자. 그 종목의 가장 드라마틱한 순간을 영화 속에서는 2시간 내내 보게 될 거야. 잘 모르던 종목에 대한 영화도 한번 찾아보자. 스포츠의 세계 전반에 대한 이해가 높아질 거야. 동계 올림픽이 시작하기 전에는 스키점프를 다룬 「국가대표」(2016)를 찾아보자. 미식축구와 미국 인종차별 문제에 대해서는 「리멤버 타이탄」(2000)이라는 영화가 잘 다루고 있어. 이 영화의 주제곡은 오바마 전 미국 대통령이 선거 유세를 할 때 쓰기도 했대. 그만큼 사람들의 마음을 움직이는 힘이 있는 영화였고 음악이었다는 뜻이지.

올림픽이나 월드컵 경기를 볼 때, 해설을 주의 깊게 들어보자. 경기를 눈으로도 보지만 귀로 듣기도 하는 거야.

운동 경기는 그냥 이기면 되는 거라고 생각한다면 그게 다가 아니라고 말해 주고 싶어.

국어 교과서에 소설과 시가 실려 있지? 그걸 그냥 읽는 건 한글을 읽을 줄 안다면 누구에게나 어려운 일은 아닐 거야. 하지만 그게 전부는 아니지? 선생님들은 우리가 잘 아는 단어가 여기서는 다른 뜻이 될 수도 있고, 그래서 익숙한 한국어에서 새롭고 풍부한 뜻을 발견할 수 있다는 걸 가르쳐 주잖아?

운동 경기도 마찬가지야. 감독이 무슨 작전을 왜 짰는지, 지금 저 선수가 어떤 실책을 했는지, 왜 이번 경기는 이렇게 점수가 나지 않는지 등을 해설을 통해 잘 알 수 있어. 선수의 플레이 스타일이나 경기 상황에 대해서도 더 자세히 알 수 있고. 야구 경기의 9회말 2아웃, 1점 차이로 지고 있는 상황이지만 위기 상황에 강한 홈런 타자가 타석에 등장했다면? 경기를 뒤집을 수도 있다는 기대감과 긴장감을 더 생생하게 느낄 수 있겠지? 올림픽 경기를 비롯한 국가 대표 경기라면, 해설자와 함께 크게 환호할 수도 있어. 대한민국! 금메달!

7 가만히 지켜보는 걸
좋아한다면

 낙엽은 한 가지가 아니야 우리 집 앞에는 작은 공원이
있어. 우리 개 메로나랑 산책을 가는 곳이야.

우리 메로나는 호기심이 많아. 나는 메로나가 어디를
보는지 매의 눈으로 지켜봐. 내가 개 목줄을 놓친 적이 있
어서 꼭 잡고 있거든. 근데 메로나가 자꾸 낙엽들 사이에
코를 들이밀길래 뭘 보나 하다가 알게 됐는데, 낙엽 모양
이 다 다르더라고. 엄마한테 말했더니 엄마도 깜짝 놀랐
대. 그래서 낙엽을 모양별로 모아 봤어. 그랬더니 낙엽이
떨어지는 나무가 우리 집 앞 공원에 8종류나 있더라. 엄
마가 같이 나무 이름을 찾아보자고 해서 약간 귀찮아졌지

뭐야. 하지만 사실 나도 궁금하긴 해.

ㅡ도서관에서 나무 그림책을 빌린 소영

 이번엔 내가 도와드릴 차례야 우리 할머니는 몸이 편찮으셔. 몇 년 전에 무릎 때문에 입원하셨는데, 그 이후로 눈도 나빠지고 귀도 더 안 들린다고 해. 나 꼬꼬마 때 할머니한테 안기던 일이 아직 생생한데. 흑, 이제 같이 여름에 바다에 못 가. 할머니 키도 점점 작아지는 것 같아.

추석 때 할머니 집에 갔는데 내가 할머니 조수를 하겠다고 했어. 할머니가 나한테 해 준 것처럼 나도 할 수 있으니까. 정수기에서 뜨거운 물과 차가운 물을 섞어서 미지근한 물을 드려야 한대. 약도 내가 챙겨드렸어. 할머니가 드시는 약이 너무 많아서 슬펐지만 눈물은 보이지 않았어.

집에 돌아오는 길에 형이 나보고 다 컸다고 했어. 뭐래. 원래 형 너보다는 내가 더 성숙하거든?

ㅡ할머니를 사랑하는 진규

동생이 미운데 좋기도 하더라? 우리 부모님은 맞벌이를 하셔. 그래서 집에 늦게 들어와. 어쩌다 부모님이 재택근무를 할 때는 기분이 좋아. 그런데 우리 엄마가 동생을 낳았어! 동생이 있는 친구 셋이서 나한테, 앞으로는 외로워질 거라고 심각하게 얘기해 줬어. 와, 정말 그랬어. 동생 돌보러 할머니, 할아버지도 집에 오시곤 하니까 집은 북적북적하는데, 나더러 맨날 조용히 있으래. 언제나 동생이 우선이야. 이런 게 군중 속의 고독인가?

친구들한테는 비밀인데, 속상해서 나 약간 울었다. 그런데 어느 날 엄마가 마트 가고 아빠가 설거지하는 동안 안방에 들어가 보니까 동생이 자다가 깨서 팔다리를 버둥거리다가 나를 발견했어! 삐뽀삐뽀! 울면 어떡해? 난 도망가려고 했어! 그런데 동생이 갑자기 까르르 웃으면서 내 쪽으로 소시지 같은 팔을 뻗는 거야. 나도 모르게 침대 옆에서 딸랑이를 흔들면서 놀아 줬지. 아빠가 설거지 마치고 들어와 보더니 나보고 다 컸대. 저 진작에 다 컸거든요.

—한 살짜리 동생 때문에 심각한 강준

우리 동네 고양이 도감 우리 아파트는 길고양이 밥 주는 데 진심이야. 사람들이 다 적극적으로 길냥이를 돌봐 줘. 내가 열심히 돌아다니면서 본 결과 우리 아파트 화단에 사는 길냥이는 적어도 다섯 마리는 되더라. 두 마리는 치즈냥이야. 노란 털이지. 나는 어른 고양이 이름을 '고양이'라고 불러. 내가 제일 먼저 발견한 고양이가 얘거든. 새끼 고양이 이름은 꼬맹이야. 처음 봤을 때 진짜 작았거든. 한 마리는 턱시도냥이야. 몸통은 까만 털인데 발은 흰 털이니까. 이름은 차은우야. 갑자기 그 이름이 생각나서 붙였어.

다른 두 마리는 고등어야. 흰 털과 진한 갈색 털이 번갈아서 줄무늬처럼 있다는 뜻이야. 덩치가 큰 녀석 이름은 말랭이야. 만지면 푹신푹신하거든. 깡마른 녀석 이름은 오이야. 오이처럼 줄무늬가 있고 말랐으니까.

나는 이 다섯 마리가 각각 몇 동 화단에 사는지와 어떤 사료를 좋아하는지 알고 있어. 이 내용을 다 적어서 '우리 동네 고양이 도감'을 만들었어. 그리고 고양이집 앞에 붙여 뒀어. 다른 고양이들도 있으니까, 만나면 놀리지 말라는 뜻으로. 엄마가 경비 아저씨에게 말해 줘서 오늘은 아파트 엘리베이터 앞 게시판에도 붙었어. 정말 신나!

—**고양이 도감 작가 하나**

 베란다가 정글이 되어 간다 우리 아버지 취미가 식물 가꾸기야. 아버지랑 나랑 둘이 살아서 집에 은근히 남는 공간이 많을 뻔했는데. 하나둘 들여놓다 보니 결국 집을 전부 화분이 차지했어. 베란다는 아주, 정글이야, 정글. 그런데 나는 엉겁결에 재능을 깨달아 버렸다?

베란다 구석에 아버지가 몬스테라라는 잎이 큰 식물 화분을 사 놨거든. 그러더니 내 이름을 걔한테 붙여 준 거야! 진서나무라고. 이왕 내 담당이 됐는데 죽이고 싶진 않잖아? 그래서 인터넷에서 몬스테라를 검색했더니 정보가 많더라. 열심히 물을 주다 보니 화분을 두 번이나 큰 걸로 교체했고, 올해는 드디어 천장에 닿게 됐어! 아버지는 내가 베란다 가드너래. 베란다에 정원을 가꾸는 사람이라는 뜻이라고 해. 나는 식물의 신일지도 몰라. 농담 아님.

—**우리 집 몬스테라의 왕 진서**

사람이든 식물이든 동물이든,
잘 돌보기 위해서는 잘 관찰해야 해.

돌보는 일과 관찰하는 일은 다른 듯하지만 뿌리가 같아. 우리가 갓난아기였을 때는 말을 할 줄 몰라서 울기만 했어. 놀라도 울고, 배고파도 울고, 아파도 울고, 추워도 울었어. 그러면 어머니나 아버지를 비롯해서 우리를 돌보는 어른들은 기저귀를 갈아야 하는지, 우유를 줘야 하는지 빨리 파악해야 했어. 신기하게도, 그 아기를 주로 돌보는 사람, 오랫동안 사랑으로 관찰하는 사람은 울음소리만 듣고도 아기가 무엇을 필요로 하는지 알아챌 수 있게 된대. 나보다 약한 존재를 돌볼 때는 사랑하는 마음을 바탕으로 한 관찰이 도움이 되곤 하지.

하지만 아기에서 어린이가 되고, 청소년이 되고, 어른이 되면, 꼭 상대를 사랑하기 때문에 돌보는 것은 아니라는 사실을 알게 돼. 다른 사람들과 함께 지내다 보면 상대가 무엇을 필요로 하는지를 잘 살피고 그에 따라 행동하게 되거든. 함께 존재하기 위해서 내가 참기도 하고, 양보도 하는 거야.

가족들이 재활용 가능한 쓰레기를 분류하는 모습을 본 적 있지? 플라스틱이나 종이를 분리배출 하는 이유는 환경을 돌보기 위해서야. 어떤 물질이 환경에 유해한지를 연구하고, 다시 쓸 수 있는 물건은 재활용하는 방법을 찾지.

식물을 키우는 일도 마찬가지야. 식물을 키우는 데 아직 서툰 사람이 제일 궁금한 것은 며칠에 한 번씩 물을 줘야 하는지거든? 그런데 식물을 잘 돌보는 사람들은 이렇게 말해. 식물을 잘 관찰하면 알 수 있다고. 잎이 말랐는지, 흙이 말랐는지, 요즘 비가 많이 내렸는지, 아니면 건조했는지를 생각하면 딱 필요할 때 물을 줄 수 있대.

고양이를 만질 때도 먼저 고양이를 잘 살핀 다음 고양이가 좋아하는 부분을 만져야 해. 고양이가 어떤 때 경계하지 않는지, 어딜 만질 때 가르릉거리는지를 알지 못하면 고양이는 매번 도망쳐 버릴 거야.

돌보는 일의 찡한 보람을 알고 있어? 어린이 청소년은 아직 돌봄을 받아야 하는 입장이야. 하지만 어린이와 청소년도 다른 동물을, 식물을, 친구들을, 가족들을 돌볼 수 있어. 잘 돌보려면 대상을 잘 관찰해야 한다는 말 기억해? 실외에서만 배변하는 강아지가 갑자기 낑낑거리면서 거실에 배변을 하면 동물 병원에 데리고 가 보자. 집에 있는 화분의 흙이 바싹 말라 있다면 물을 줘 보자. 친구가 집에서 혼났다고 기운 없어 하면 하굣길에 떡볶이집에 들러 보자. 떡볶이를 안 좋아하는 친구일 수도 있겠지. 그렇다면 네가 봐 온 친구가 무엇을 좋아하는지, 무엇을 하면 기분이 풀리는지 생각해 보고 그걸 해 주자. 그러면 시들어 가던 이파리가 힘을 얻고, 아프던 강아지는 건강해지고, 힘들어하던 친구는 씩씩하게 학교에 나올 거야.

**그런 때 나도 모르게 마음이 찡해져.
그게 바로 내 마음이 상대에게 닿은 기분이야.**

다른 사람이 나를 잘 이해해 주고 돌봐 줘서 고마운 그 기분을 우리도 느끼게 해 줄 수 있어. 내가 해 주고 싶은 대로 해 줘도 좋겠지만, 상대가 필요로 하는 걸 주면 더 뿌듯할 거야. 그만큼 관심을 기울였다는 뜻이니까. 관찰하기와 돌보기는 사람과 사람의 관계를 잘 맺어 주는 아주 중요한 방법이야.

낙엽처럼 이미 생명을 잃은 이파리도 잘 관찰하면 어떤 나무가 주변에 있는지 알 수 있게 돼. 그러면 봄에 새싹이 돋을 때, 꽃이 필 때, 하나하나의 나무가 다르게 보일 거야. 잘 관찰한 사람을 향해서 나무들이 말을 거는 거지.

식물을 꼼꼼히 관찰하는 사람이 가질 수 있는 직업 중 하나는 식물세밀화가야. 식물의 모든 부분을 꼼꼼하게 그림으로 기록해서 과학적 가치가 있는 자료로 만드는 일이야. 식물 전문가들의 말에 따르면 저 멀리 지리산, 한라산의 멸종 위기 식물이 아니더라도 내 주변의 것을 잘 관찰하고 돌보는 태도가 중요하다고 해. 동네에 흔한 느티나무나 개잎갈나무부터 관심 가져 보면 어때?

철새를 본 적 있어? 겨울이면 철새는 추운 곳에서 한국으로 와서 쉬고 다시 돌아가. 겨울의 하늘을 보면 가끔 몇 마리에서 몇십 마리가 되는 새들이 무리 지어 나는 모습을 보게 되지. 한 번도 본 적 없다면 영상을 찾아봐. 깜짝 놀라게 될 거야. 동물을 관찰할 때는 인간이 근처에 있다는 사실을 동물이

가능한 모르게 하는 편이 좋다고들 하지. 새를 관찰할 때도 보통은 그래. 하지만 철새를 관찰할 때만큼은 인간이 아주 작은 존재처럼 느껴진다고 해도 좋을 것 같아.

하늘을 나는 새를 가만히 지켜보면서 궁금한 것들을 기억해 두었다가 집에 와서 하나씩 찾아보자. 직접 새를 키우지 않아도, 하늘의 새들이 지금처럼 자유롭게 국경을 이동하며 살아갈 수 있도록 우리가 어떤 일을 하면 좋을지 알아보면 어때? 그리고 가장 중요한 이야기를 할 차례야.

주변을 잘 돌보기 위해서
가장 열심히 관찰해야 하는 게 먼지
너에게만 살짝 알려 줄게.

바로 너 자신이야. 어느 날은 슬플지도 몰라. 어느 날은 너무 신이 나서 뛰어다니다가 다칠 수도 있지. 몸에 이상이 없는지 잘 관찰하고, 마음이 다치지는 않았는지 잘 돌본다면, 힘든 일이 생겨도 잘 견디고 흘려보낼 수 있을 거야. 그리고 너 자신이 튼튼할 때야말로 애정을 담아 주변을 대할 수 있지.

마음이 어두워질 때는 따뜻한 햇볕에 꺼내서 뽀송뽀송하게 말려 주자. 마음을 어떻게 말리냐고? 좋아하는 것을 하면 돼. 그러려면 무엇을 좋아하는지 알고 있어야 해. 공부가 지겨워질 때는 좋아하는 노래를 듣고 다시 공부를 하는 거야. 답답한 기분이 들 때는 좋아하는 운동을 하거나 좋아하는 음식을 먹으며 스트레스를 풀자. 나 자신은 내가 제일 잘 아니까, 나에게 좋은 것을 잔뜩 해 주자.

약속하자. 나 자신을 잘 돌봅시다!

8 머릿속에는
우주와 미래뿐이라면

 나의 인기 검색어는 '화성' 어른들이 뉴스 볼 때 옆에 있어 보면, 아주 가끔이지만 우주 탐사와 관련한 소식이 나와. 주로 주식이 어쩌고 하는 경제 관련 이야기인데, 누리호 발사 때는 뉴스가 아주 많았어. 가끔은 무슨 말인지 잘 이해가 안 가더라고. 그래서 신문을 들고 학교에 가거나, 메모해서 과학 선생님에게 물어보기도 해. 선생님도 모르는 게 있대. 그런 때는 다음 날 다시 알아 와서 얘기해 주시더라.

인류는 아직 화성에 가 본 적이 없대. 달에는 가 본 적이 있지만 말이야. 언젠가 인류가 화성에 기지를 건설해서 사는 날도 오지 않을까?

나는 '화성'이라는 단어를 자주 검색해. 검색창이 있는 모든 곳에서 말이야. 나중에 커서 화성 전문가가 될 수도 있을까? 그러면 좋겠어. 우리 집에는 과학자가 한 사람도 없어. 그래도… 가능하면 좋겠다.

—화성 전문가가 되고 싶은 정윤

 우리 집 화장실에는 과학 잡지가 있어 나는 수학이랑 과학을 잘 못해. 나도 마음은 잘하고 싶은데, 너무 어려워. 학원을 다녀도 잘 안 되더라고. 다른 친구들보다 진도가 느려. 언젠가 부모님이, 두 분 다 수학 과학이 제일 쉬웠는데 왜 나는 못하냐고 놀려서 서럽게 운 적이 있어. 나 진짜 원래 잘 안 우는데, 치사하게 약점을 공격하잖아. 그 이후로 다시는 그런 농담을 안 꺼내는데, 그게 더 씁쓸한 그런 기분 알아?

그날부터 나는 화장실에 과학 잡지를 놓고 아침저녁으로 조금씩 읽어. 내가 과학 못한다고 엄마가 정기 구독을

신청해 줬거든. 책상 앞에서는 집중이 안 된다고 했더니, 그러면 가벼운 마음으로 화장실에서 읽으래. 그랬더니 마음이 편하더라. 당장 과학이 좋아지지는 않았지만, 도표 같은 걸 봐도 이제 한숨부터 나오지는 않아. 제법 괜찮은 거 같지? 너도 화장실에 어려운 과목 책 두고 읽어 봐.

— 언젠간 부모님께 당당하게 과학 성적 보여 주고 싶은 창섭

 나의 첫 이야기는 SF소설 저는 학교에서 도서반 소속이에요. 도서반은 그렇게 인기가 좋은 편은 아닙니다. 우리 학교에서 제일 인기 있는 특별 활동부는 댄스부하고 봉사부인데요, 인기 많은 애들이 다 거기 들어가서 그렇게 됐어요. 도서반은 대체로 저처럼 내성적인 애들이 들어가요. 지금 스무 명이 있는데, 활동이랄 게 별로 없어요. 서가 정리하고 앉아서 책 읽는 정도? 그런데 도서반에서 저를 포함해서 네 명이 친해졌거든요. 다들 책 읽는 걸 좋아하니까, 한번 소설을 써 보자는 이야기가 나왔어요. 각자 자기가 쓰고 싶은 걸 써 와서 돌려 읽는 거예요. 처음에

는 이게 무슨 도움이 될까 했는데, 결과적으로는 꽤 도움이 되는 것 같아요. 친구들이 읽어 주니까 저도 열심히 쓰게 되거든요.

네 명 중에 두 사람은 로맨스 판타지를 써요. 둘 다 웹소설 작가가 되고 싶대요. 한 사람은 학교 괴담을 써요. 아주 오싹한 이야기들을 잘 쓰는데, 얘기를 들어 보니까 엄마한테 들은 이야기를 각색해서 쓰는 거래요.

저는 SF소설을 써요. 제가 쓰는 SF소설은 다 가까운 미래를 배경으로 해요. 요즘 저는 환경 문제에 아주 관심이 많거든요. 환경 오염이 심각한데도 어른들이 필요한 일을 하지 않는 것 같아요. 이런 때일수록 환경에 대해서 많이 이야기했으면 좋겠습니다. 제가 쓰는 소설은 그래서, 인류가 환경 오염 때문에 위기에 처하고 멸망한 이야기를 담아요. 도서반 선생님이 제가 쓴 글을 읽어 보더니 '포스트 아포칼립스'라는 장르라고 알려 줬어요. 멸망 이후의 이야기를 그리는 소설이래요. 그리고 제가 쓴 글이 재미있다면서, 계속 써 보면 좋겠다고 했어요. 저는 소설가가 되고 싶은 건 아닌데, 소설을 쓰는 꽤 일은 재미있네요.

언젠가 여러분께도 제 소설을 보여 드리고 싶어요.

— **인류가 멸망해도 개와 고양이는 남았으면 하는 지수**

 그냥 잘할 수도 있는 거잖아 나는 잠이 안 올 때는 천장을 바라봐. 내 방 천장에는 태양계 모빌이 걸려 있거든. 하나씩 이름을 부르다가, 양도 세다가 그래.

딱히 과학을 좋아하는 건 아니야. 하지만 과학과 관련된 책들은 그림도 많고 설명도 신기해서 즐겨 읽는 편이지. 그래서인지 어렵지가 않아. 너무 신기하지? 좋아하지 않아도 잘하는 과목이 있어. 나한테는 과학이랑 수학이 그런 편이야. 할아버지 말로는 아빠를 닮은 거래. 외할아버지 말로는 엄마를 닮은 거래. 어른들은 진짜… 이해할 수가 없다니까.

— **과학 점수가 제일 높은 한경**

뭔지 모르지만 멋있어 영화 「인터스텔라」 봤어? 나 이 영화 정말 좋아해. 벌써 열 번 넘게 봤어. 처음에는 무슨 말인지 잘 모르겠더니, 자꾸 보니까 조금씩 이해할 수 있게 됐어. 물론 아직도 어렵긴 해. 친구들한테 이 영화를 설명해 주고 싶은데 그냥 어렴풋하게밖에 설명이 안 되거든. 영화가 너무 복잡해서 주변 어른들에게도 물어봤는데, 다들 자기도 모른다면서 물리학과 교수인 고모부한테 물어보라는 거야. 아니, 우주여행 이야기인데 물리학과 교수님이 뭘 안다고? 진짜 희한한 일이야. 어쨌든 고모부한테 물어봤더니, 간단하게 설명을 몇 가지 해 주고는 나머지는 공부 열심히 해서 나중에 대학 가서 배우면 된대. 흠… 혹시 고모부도 모르는 거 아닐까? 내가 이런 말 했더니 고모가 큰 소리로 웃었어.

뭔지는 모르겠지만 멋있어. 「인터스텔라」처럼 이해하는 데 시간이 걸리고 복잡하면서도 있을 법한 이야기를 상상하고, 그것을 과학으로 실현한다면 얼마나 좋을까?

—**오늘도 「인터스텔라」를 한 번 더 볼 자람**

인간은 상상을 할 수 있는 동물이지.

그래서 경험하지 않은 것들을 만들어 냈고 문명의 진보가 가능했어. 하지만 인류의 발전 속도가 아주 빨라서, 지구의 환경을 오염시키는 속도 역시 그만큼 빨라졌어. 미래를 상상한다는 것은 미래의 인간을 상상한다는 거야. 우주 탐사를 꿈꾸고는 한다면 지구의 미래에 대해서도 상상해 보자. 우리를 살아 있게 해 주는 지구를 잘 가꾸고 지켜낼 방법도 생각해 보는 거야. 미래는 현재를 잘 살아 낸 사람들에게 주어지는 거잖아.

미래를 상상한다는 말은 현재를 잘 안다는 뜻이기도 해.

매일매일 공부하면서 학기 말의 성적을 추측해 보는 것처럼 말이야. 공부를 매일 꾸준히 하고 있다면 학기말에도 좋은 성적을 기대할 수 있겠지? 그런 것과 마찬가지로, 지구의 미래, 인류의 미래를 알기 위해서는 지구의 현재와 인류의 현재를 알아야 해. 이와 관련해 생태, 기후, 환경, 에너지 등의 지식을 탐구하는 전문가들은 점점 더 많은 주목을 받고 있어. 환경 오염부터 우주 탐사까지 다양한 연구 분야가 존재하지.

수많은 SF영화들은 이런 과학적 지식에 기반을 둔 상상력을 보여 줘. 때로는 믿을 수 없는 광경을 만들어 내곤 하지. 영화 「인터스텔라」(2014)는 킵 손이라는 과학자가 자문을 했어. 그는 2017년에 노벨 물리학상을 받기도 했지. 영화가 '사실'을 보여 주느냐고? 그건 아니야. 하지만 '있을 법한' '가능한' 상상력을 영상으로 만들어.

때로는 전혀 상관없어 보이는 분야가 서로 연결되기도 해. 어떤 과학자는 세계적으로 히트한 영화의 제작 과정에 기여하는가 하면, 어떤 과학자는 편의점 간편식의 유통기한을 늘리는 법을 고민하지. 편하기로 유명한 매트리스가 실은 우주 과학을 연구하는 과정에서 탄생했다는 거 알아? 과학은 우리 일상 어디에나 있어. 꼭 과학자가 되어야 과학과 관련된 일을 하는 것은 아니야. 영화감독이 되어도 누구보다 과학적 상상을 추구하는 이야기를 만들 수 있어. SF 소설을 쓰는 작가가 될 수도 있고, 과학적 성취나 새로운 발견을 널리 홍보하는 일을 과학자가 아닌 사람이 하기도 해. 관심을 갖고 있다면 언젠가는 그 분야의 전문가가 아니어도, 다른 분야의 전문가라고 해도 연관된 일을 하게 될 수도 있어.

공룡 좋아해? 공룡은 한때 지구를 지배했지만 지금은 멸종하고 존재하지 않게 됐어. 어쩌면 인간도 그런 날을 맞이할지 몰라. 하지만 그런 걱정과 별개로, 어렸을 때 좋아하던 공룡 그림책 때문에 공룡을 전문으로 하는, 과학의 역사를 다루는 학문을 배우고 싶어질 수도 있어. 과학은 증명하는 학문이야. 답은 과거에 있을 때도 있고 미래에 있을 수도 있어. 입증 과정을 논리적으로 펼쳐 내다 보면, 인류의 역사를 뒤흔드는 발견으로 이어지기도 하지.

우리 일상에서 사용하는 무수히 많은 사물들도 여러 과학 기술의 총합이야. 한 가지 기술로 하나의 물건이 만들어지는 게 아니야. 여러 사람들의 필요와 가능한 기술들이 모여서 하나의 복잡한 물건이 탄생해. 과학에 관심이 있다면, 물리학과 화학, 생물학을 비롯해 어떤 과학 분야가 있는지 앞으로 학교에서 차근차근 배우면서 탐색해 보자.

과학은 주변을 자세히 살피는 것에서 출발하지. 그래서 관찰이 중요해.

과학과 관련된 수많은 일은 우리 시야에 선명하게 포착되지 않기도 해. 어떤 새로운 물건이 우리의 삶을 크게 바꾼 실감은 빠르게 느낄 수 있지만 과학 기술은 그렇지 않거든. 스마트폰을 예로 들어 볼게. 스마트폰은 컴퓨터를 놀라울 정도로 작은 크기로 만든 것과 같아. 그 안에는 수많은 과학적 발전이 담겨 있어. 새로운 모델이 출시된다는 말은 새로운 기술이 적용되었다는 뜻이고. 하지만 우리는 하나하나의 기술의 명칭, 과학적 발견의 세세한 내용을 알지는 못하지. 그 대신 우리가 아는 것은 새로운 스마트폰 모델명이야.

그렇기 때문에 과학에 관심이 있는 친구들이라면, 물건 너머에 있는 변화들을 찾아보면 더 좋아. 어떤 새로운 기술이 담겨 있는지, 그 원리는 무엇인지 알아보는 거야. '물리학'이라고 불리는 분야의 학문 중에 어떤 부분은 우주선을 만드는 데 쓰이고, 어떤 부분은 스마트폰을 만드는 데 쓰여. 전혀 다른 물건들이 실은 비슷한 원리나 기술을 바탕으로 하고 있다는 것을 발견하는 과정은 꽤 흥미로울 거야.

나중에 네가 자세히 공부하는 그날까지, 과학 잡지도 읽어보고 과학 뉴스도 찾아보자. 여러 과학 분야 중에서 네가 관심 있는 분야는 어느 쪽인지 알아보자. 우주 탐사에 관련된 직업만 해도 수없이 많으니까 말이야. 너는 우주인이 될 수도 있고, 우주선을 만드는 엔지니어가 될 수도 있어. 우주선으로 보낼 물자를 관리하는 사람이 될 수도 있고.

9 역시 친구들이랑
노는 게 최고라면

 롤링 페이퍼는 내게 맡겨 학년 말에, 학교에서 롤링 페이퍼를 했어. 선생님이 학급 전체의 롤링 페이퍼를 해 보자고 했거든. 나는 반에서 평소에 나서는 편은 아니라서 친구가 많지는 않아. 그래도 내가 관찰력이 좋거든. 그래서 반 친구들마다 어떤 장점이 있는지 생각나는 대로 롤링 페이퍼에 적었어.

그랬더니 신기한 일이 벌어졌어! 수업이 끝나고 집에 갈 때, 다음 날 쉬는 시간에 우리 반 애들이 하나씩 나한테 와서, 롤링 페이퍼에 써 준 말이 고맙다는 거야. 집에 가면서 몇 번씩 읽어 봤다면서. 내가 다른 애들이랑 좀 다른 걸 보나 봐. 그것도 좋은 것들만. 친구들이 고마워서 나도 정말 기뻤어.

—이번 학년에서도 롤링 페이퍼를 하고 싶은 사훈

 축제 성공의 배후 인물 우리 학교에서 개교 20주년이라며 작은 축제를 했어. 복잡한 건 아니고, 학생들이 그린 그림 전시를 하고 합창반 애들은 노래를 했거든. 근데 합창 공연 때 입장권 받을 사람이 급하게 필요해졌어. 그래서 내가 수현이를 추천했지. 수현이가 원래 꼼꼼해서. 다들 수현이 생각을 안 해 봤는지 놀라더라. 내 말대로 수현이는 아주 잘했어. 나중에 선생님이 나한테 "넌 수현이가 꼼꼼한 걸 어떻게 알았니?" 하고 물어봤어.

꼼꼼해서 꼼꼼하다고 했을 뿐입니다, 선생님…. 수현이는 사물함도 아주 칼같이 잘 정리하고, 책상 위도 어지럽히지 않아. 그러니까 입장권 확인하고 사람 들여보내는 일도 잘하지 않을까 했지. 성격도 어른스럽거든.

우리 아빠는 내가 덤벙거린다고 걱정하다가 이번 일을

알고는 나를 크게 칭찬해 줬어. 어른들이 보기에 큰일이었나 봐?

—누구나 다 특별한 부분이 있다고 믿는 주영

 마음을 듣는 일이 좋아 나는 노는 게 정말 좋아. 물론 다들 노는 게 좋겠지? 난 그냥 노는 거 말고, 사람들하고 얘기하는 걸 좋아해. 특별한 주제 없이 이런저런 수다를 떠는 것도 재미있지만, 그 사람을 자세히 알 수 있는 대화가 특히 좋아. 사람들이 저마다 다른 게 신기하고 재미있거든. 그래서 나는 질문을 많이 해. 예를 들면, 넌 뭘 제일 무서워해? 가장 최근에 행복하다는 마음을 갖게 한 일은 뭐였어? 서운한 마음이 든 일은 어떤 거야?

여러 명하고 어울리지 않아도 괜찮아. 나는 몇 명하고 그런 이야기를 차분히 나누는 게 좋거든. 교실에 친구들이 많을 때는 하기 어려운 이야기도 둘이서는 할 수 있으니까.

교실에 앉아 있을 때는 다 비슷해 보이는 우리들이지만 속마음을 나누고 나면 한 사람 한 사람 다 달라 보여. 마음을 알고 나면 같은 행동이라고 해도 더 잘 이해할 수 있어.

그래서 친구가 말하지 않아도, 슬퍼하는지 기뻐하는지 알

수 있게 되지. 이게 우정 아닐까?

—믿고 이야기할 수 있는 사람이 되고 싶은 은지

 토론이 재밌어 학원에서 글쓰기 수업을 했어. 글을 쓰

기 전에 토론을 했어. 나는 '어벤져스' 시리즈를 좋아하는

데 마침 그 영화 이야기가 나왔지 뭐야. 대부분 '어벤져스'

시리즈를 좋아했는데, 싫어하는 애도 있더라고. 너무 뻔

하대. 영화들이 다 비슷하게 시작해서 비슷하게 끝난다는

거야. 나는 비슷해 보이는 영화여도 다르다고 생각하거

든. 그래서 내가 왜 '어벤져스' 시리즈를 다른 슈퍼 히어로

영화보다 좋아하는지를 말했어. 나랑 생각이 다른 친구

가 있다는 게 기분 나쁘다기보다는 같은 걸 보고도 이렇

게 다르게 생각할 수 있다는 게 신기했어. 토론을 더 하고

싶더라고. 집에 와서 이야기했더니 동생이 자기도 '어벤져

스' 시리즈를 별로 안 좋아한다는 거야. 동생과도 토론을

시도했는데, 동생은 내 생각에 동의하지는 않는데 그 이유를 말로 설명하기가 어렵대. 흠, 내가 좀 더 노력해야겠지?

—토론을 하고 나면 더 친해진 기분이 드는 지후

엄마가 나보고 마당발이래 너네 마당발이라는 말 들어 봤어? 너무 이상한 말이지 않아? 발이 왜 마당이야? 내가 학교랑 학원에서 모임을 몇 개 만들었더니 엄마가 나보고 마당발이라고 하더라. 내가 마당발 싫다고 했더니 "그게 넌데 왜 싫어?" 하고 놀렸어. 내 발 작단 말이야. 엄마 말로는 인간관계가 넓은 사람을 부르는 말이래. 조선 시대에 쓰던 말인가?

나는 모임 만드는 게 좋아. 중학교 1학년 때부터 지금까지 계속 반 모임을 만들었어. 코딩반 모임이랑 영어 학원 모임도 있고, 내가 빵을 좋아해서 빵순이 모임도 있어. 물론 빵순이는 그냥 우리끼리 부르는 말이고, 정식 이름은 브레드걸스야. 그게 그거지만. 크크크.

—모임 만들기가 제일 쉬웠던 아진

역시 친구들하고 노는 게 최고지?

늘 사이가 좋기만 한 게 아니라 해도 친구들이랑 잘 지내고 싶은 마음은 언제나 그대로야. 친구들의 생일 때, 깜짝 놀라게 하는 '서프라이즈 파티'를 계획해 보면 어떨까? 친구가 놀라면서도 기뻐하는 얼굴을 보면 무척 신날 거야. 다른 친구들과 계획을 짜서 재미있는 파티를 준비하는 거지. 여러 사람이 한 가지 목표를 가지고 있으면 중간에서 누군가는 서로 다른 여러 가지 의견을 잘 조율해야 하거든. 가능한 많은 사람이 만족하는 계획을 짜는 일은, 친구들과 많이 대화하고 친구들의 기분을 잘 읽는 사람이 잘할 수 있는 일이야.

가족과 친구의 고민 상담사가 되어 보는 건 어때? 사람들은 마음이 힘들 때 쉽게 털어놓기를 어려워해. 누군가에게 말하고 싶을 때도 상대방이 얘기를 듣고 싶어 할지 확신이 없어서 망설이곤 하지. 평소에도 대화하기를 좋아하고 다른 사람들에게 관심이 많은 너에게라면, 다들 조금은 더 마음 편하게 얘기할 수 있을지도 몰라. 사람을 좋아하고, 말하기를 좋아하는 사람은 이렇게 '듣기'를 잘하는 사람이 되기도 해.

너는 친구들의 장점도 단점도 금세 파악할지 모르겠어.

**장점은 눈을 더 크게 뜨고 보자.
단점을 봤을 때는
두 번 정도는 더 상대에게 기회를 줘 보자.**

우리는 누구나 실수를 하며 배우니까. 너는 다른 사람의 행동과 말에 섬세하게 마음을 쓰기 때문에 어쩌면 더 상처를 받을지도 몰라. 어울리기를 좋아하기 때문에 더 민감해지는 거야. 그럴 때는 친구나 가족의 행동을 너무 깊게 생각하지 말자. 어울리기를 좋아하고, 다른 사람의 마음을 읽는 너의 능력을 행복해지는 데 쓰는 거야.

**행복해지는 데도 연습이 필요하거든.
다른 사람과 함께라면 더더욱.**

'사교적'이라고 하면 처음에는 친구들과 어울려 노는 일만 떠오를지도 몰라. 하지만 모르는 사람들과 자연스럽게 관심사를 나누는 일 역시 사교적인 행동이야. 어른들이 쇼핑하는 데 따라간 적 있어? 당장 물건을 살 생각이 없었는데 직원분이 친절하게 상담해 줘서 지갑을 열고 물건을 살 때가 있어. 신기하게도, 사람들은 좋은 대화 상대를 좀 더 빨리 신뢰하고, 더 많은 것을 함께하려는 경향이 있어. 그러니까 네가 친구들과 잘 어울린다는 말은, 그런 잠재력을 지니고 있다는 뜻이기도 해.

특이한 모임을 한번 만들어 보는 건 어때? 빵을 좋아한다면 동네 빵집을 한 곳씩 가 보는 모임을 만들어 보자. 혼자서는 여러 종류의 빵을 먹어 볼 수 없으니까 친구들과 조금씩 나눠서 사 먹어 보는 거야. 모임 이름도 지어 보자. 그러면 좀 더 뭉치는 기분이 들 거야. 그룹 대화방도 만들어 보자. 혹시 말수가 적은 친구가 그룹 대화방에서 듣기만 하고 말을 잘 하지 않는다면, 그 친구의 생각을 한 번 더 물어보도록 하자. 배드민턴 모임은 어때? 누구나 쉽게 배울 수 있으니까, 가까운 데 사는 친구들과 배드민턴 모임을 만들어도 재미있겠다. 다른 팀과 시합을 기획해 보는 거야. 경기 중에는 상대편이 적인 것처럼 느껴지겠지만, 경기가 끝나면 친구가 될지도 모르지.

학교를 다니다 보면 여러 사람이 한 조가 되어서 과제를 함께해야 할 때도 생겨. 혼자 하는 과제와 달리 조별 과제는 혼자만 열심히 한다고 되는 게 아니지. 여러 사람이 함께 과제를 하다 보면 어려운 상황도 많아. 어떤 사람은 몸이 아파서 참석하기 어려울 수도 있어. 어떤 사람은 게으름을 피우느라 제때 자료를 내지 않을 수도 있지. 서로 다른 사람들, 아주 친하지 않은 사람들을 잘 아울러 과제를 성공적으로 마치는 것은 멋진 능력이야. 개개인의 능력을 잘 파악하고 적재적소에서 일하게 도와주는 전문가들은 대기업에서도 귀하게 생각하거든. 결국 우리는 어떤 일을 하든 다른 사람들과의 관계 속에 있게 되니까.

미래에는 '인간다움'이 화두가 될 거라고 해. 인공 지능이 발달하더라도, 인간이 가진 고유한 감수성과 다정함은 따라하기 어려워서야. '인간다움'의 가장 중요한 부분은, 남의 감정을 살피고 고민을 이해하는 과정이지. 사람들의 관심사를 파악해 모임을 만들고, 그 모임을 유지하는 사람은 기계가 할 수 없는 일을 대신하고 있는 셈이야. 정말 중요한 일을 하는 거지.

우리는 함께 있을 때 더 강하니까.

10 용돈 모으기가
쓰기보다 신난다면

 나는 삼 남매의 세뱃돈 관리인 나는 용돈을 받아도 잘 쓰지 않아. 집 밖에서 간식을 잘 사 먹지도 않는 편이야. 우리 집 형편이 넉넉하지 않은 것도 맞고. 엄마가 맨날 나보고, 내가 엄마보다 더 아낀대. 그런가? 나는 잘 모르겠어. 사실 우리 아버지가 작년에 사고로 돌아가셨거든. 그래서 나라도 엄마를 돕고 싶은 마음이 있어. 엄마가 혼자 일하고 우리를 돌보느라 힘들어 하시거든.

동생들은 돈 쓰는 걸 좋아해. 하긴 누구나 돈 쓰는 게 재밌지. 게임도 하고 간식도 사 먹고. 친구들하고 놀 때도 그렇잖아. 둘째는 특히 친구가 많아서 돈 쓸 일이 더 많은 것 같아.

은행 다니는 외삼촌이 칭찬해 줬어. 내가 책임감이 있대. 나는 우리 가족이 잘 살았으면 좋겠어. 우리 가족을 위해 행운을 빌어 주길.

—할 말이 많지만 잘 참는 편인 한솔

'덕질'하다 부자되기도 하나? 나는 초등학교 저학년 때부터 '덕질'을 시작했어. 누구를 '파는지'는 얘기 안 할게. 비밀이니까. '덕질'을 하다 보니 2차 창작의 세계에도 발을 들였는데, 그러고 나니까 나도 뭘 만들어서 팔 수 있을 것 같더라고. 나는 그림을 꽤 잘 그리거든. 처음에는 굿즈로 키링을 만들었는데, 수량이 얼마 되지는 않았지만 금방 팔렸어. 그래서 콘서트 갈 돈도 마련했지. 지금은 이것저것 만들어. 스티커랑 떡메모지 같은 것들.

집에서도 내가 이렇게 돈을 버는 걸 아는데, 혼내야 할지 칭찬해야 할지 난감하신 것 같아. 왜냐면 내가 나름 '네임드'거든. 그러니까 조금 유명하다는 얘기야. 규모가 커

저서 결국 엄마한테 얘기했을 때 놀라시더라고. 그러면서 돈 거래 하는 거 위험할 수 있다고도 하고. 말은 그렇게 했지만, 내가 그린 그림이 인기가 좋은 걸 보더니 학원이나 숙제 안 빼먹으면 괜찮다고 했어. 그리고 내가 번 돈으로 적금 통장을 만들어 줬어. 앞으로 거기에 돈을 넣으래. 약간 신나는 거 있지?

—다음 달에는 어떤 아이템이 좋을지 고민 중인 콩콩(실명 아니야, 실명 쓰면 누가 알아볼지도 몰라)

 가격 비교가 왜 이렇게 재밌지? 우리 가족은 뭘 사야 할 때 나한테 물어봐. 내가 인터넷에서 가격을 비교해서 제일 싼 곳과 포인트 받을 수 있는 곳 등을 알려 주거든. 왜 그럴까? 나는 가격 비교가 재미있어. 엄청 재미있어.

내가 가격 비교를 재미있어 하니까 엄마가 엑셀 사용법을 알려 줬어. 너네 엑셀 쓸 줄 알아? 겉보기에는 그냥 표 같은데 수식을 넣으면 프로그램 내에서 계산을 자동으로 하도록 만들 수 있거든. 이걸 쓰니까 가격 비교가 훨씬 쉽더라고. 그래서 나의 가격 비교 사업은 본격화됐지. 우리 가족은 요즘 나한테 정가에서 아낀 가격의 일부를 수수료로 주고 있어. 그래서 나는 엑셀을 더 열심히 하게 됐어. 지난번에는 내가 엑셀 쓰는 걸 보더니 아빠도 놀랐는걸.

  물건을 싸게 사는 게 재미있어. 가격, 옵션, 배송비 등을 체크하고 어떤 과정에서 총 비용이 싸지는지를 아는 게 핵심이야. 취미 치고는 본격적이라 이상하지? 친구들은 내가 이러는 줄 잘 몰라. 절친 하나에게만 말함. 걔도 이상한 표정 지었음.

—가격 비교를 하다가 숙제 못 한 적 있는 난수

 저축은 자신 있어 우리 집은 용돈이 거의 없어요. 다른 집처럼 심부름한다고 용돈을 주지도 않아요. 언젠가 유튜브에서 돈을 많이 모은 누나, 형들 이야기를 보게 됐는데, 재밌더라고요. 나도 얼른 취직을 하고 싶어요. 그러면 나도 돈 잘 모을 수 있는데. 난 돈을 모으려고 해도 돈을 벌방법이 없어요. 용돈 벌고 싶다고 누나에게 말했더니, 지금은 공부를 열심히 하는 게 더 돈 잘 모을 수 있는 방법 이래요. 진짜인지는 모르겠는데, 누나가 심각한 얼굴로 몇 번이나 말했어요.

지금 공부를 하면 나중에 돈을 많이 벌고 저축도 많이 할 수 있대요. 어른들 말을 믿을 순 없지만 일단 그런 걸로 하고 나는 학원 다녀올게요.

—저금하고 싶은데 돈이 없어 속상한 윤기

 충동구매 너무해 나는 문방구 가면 정말 기분이 좋아져. 기분이 좋아진다는 말은 충동구매를 한다는 뜻이지. 지난번에는 친구 돈 빌려서 스티커 샀다가 집에 와서 혼났어. 할머니가 나 혼내다가 막 우시는 거야. 그 정도로 잘못한 일이었을까? 당황스럽기도 하고 죄송해서 나도 울었어. 그러고는 할머니랑 같이 앉아서 절약하기에 대한 유튜브 영상을 봤어.

물건을 살 때는 기분이 좋아. 할머니는 그래서 조심해야 한다고 했어. 순간적인 기분에 휘둘리면 안 된다고. 돈이 많다고 해도 사고 싶은 걸 다 살 수는 없대. 그래도 나중에는 내가 사고 싶은 거 다 사고 싶은 마음이긴 해.

—마음에 드는 물건이 많아서 늘 설레는 누리

돈은 할 수 있는 일이 참 많아.

사고 싶은 물건은 돈이 있어야 살 수 있어. 가고 싶은 곳도 돈이 있어야 갈 수 있을 때가 많지. 우리가 먹고 입는 것들도 돈과 교환해. 그래서 사람들은 돈을 많이 벌고 싶어 해. 이상한 일은 아니지.

하지만 돈이 많은 사람들도 돈 때문에 걱정해. 가진 돈을 잃을까 봐 걱정하는 거야. 돈이 없을 때는 조금만 더 있으면 좋겠다고 생각하지만, 결국은 점점 더 많은 액수를 원하게 되는 일도 흔하게 볼 수 있어. '충분하다'는 감각 자체가 사라지는 거야.

뉴스든 유튜브든 돈 이야기가 많이 보이는 이유는, 그만큼 돈을 벌기도 관리하기도 쉽지 않아서야.

돈을 많이 버는 어른들도 돈 때문에 힘들어해.
돈을 적게 쓰는 어른들도 돈 때문에 속상할 때가 있지.

학교에서는 국어도 수학도 배우지만, 정작 돈에 대해서는 잘 이야기하지 않아. 돈을 잘 벌게 해 준다는 말은 거짓말일 때도 있어서 조심해야 해. 돈의 움직임은 나 혼자 좌우할 수 있는 게 아니거든. 우리나라의 상황, 전 세계의 상황이 서로 영향을 주고받아.

돈을 안 쓴다고 무조건 좋은 것도 아니야. '돌고 돌아서 돈'이라는 말도 있거든. 돈은 물건과 바꾸는 수단이고, 또 경험과 바꾸는 수단이기도 해. 돈을 안 쓴다는 건 때로 그런 경험의 세계와 멀어진다는 뜻이 돼.

소비와 저축 모두 현명하게, 나의 상황에 맞춰서 할 수 있어야 해.

남이 부럽다고 마구 질러서도 안 되고, 무조건 안 쓰는 것도 현명한 방법은 아니야. 남의 사정과 나의 사정은 다르니까. 우리 집에 돈이 부족해서 속상할 때도 있지? 하지만 지금의 상황이 평생 똑같이 지속되지는 않아.

학교를 다니면서 배우는 일 중 하나는 기다림이야. 집에 가고 싶어도 수업이 끝날 때까지 기다려야 하고, 이해하기 어려운 수업도 끝까지 들어야 하고 숙제도 해야 하지. 지금 당장 하고 싶은 것을 다 하는 게 아니라, 학기 말, 학년 말, 어쩌면 학교를 마쳤을 때를 위해서 하나씩 참기도 하고 기다리기도 하는 거야. 돈에 대해서도 같다는 걸 기억하자.

잠깐 방심했다가 용돈을 다 써 버려서 당황한 일 있어? 그렇다면 소비 계획표, 혹은 부모님이 만들어 주신 체크카드 내역서를 살펴보는 습관을 가지면 어떨까. 내가 계획한 대로 돈을 썼는지 확인해 보는 거야. 어쩌면 용돈을 넉넉하게 주시는 부모님 덕에 사고 싶은 걸 마음껏 살 수 있을지도 모르겠다. 하지만 용돈 관리할 때 중요한 것은 액수만큼이나 계획대로 쓰는지의 여부야. 그때그때 충동적으로 쓰는 대신 돈을 어디에 쓸지 계획하고, 돈을 쓰고, 반성해 보는 일을 반복하고 연습하자. 숫자와 친해지고, 돈과 가까워져 보는 거야.

자신에게 필요한 물건이 무엇인지를 적어 보자. 필요한 물건에 빨간 동그라미를, 갖고 싶은 물건에 파란 동그라미를 치자. 그리고 빨간 동그라미에 포함된 물건을 사는 데 얼마가 필요한지를 먼저 계산해 보자.

어느 가게에서 사면 좋을지도 생각해 보자. 용도가 같은 물건이라고 해도 가격은 천차만별이야. 예를 들어 노트 같은 물건도 더 예쁘고 근사한 것이 더 비싸지. 어떤 걸 사야 할까를 고민해 보자. 예쁜 걸 하나 사기로 했다면 다른 것은 더 편하게 쓸 수 있는 단순하고 깔끔한 모양으로 사면 어떨까. 하나에 돈을 많이 쓴다면 다른 것에서 절약해 보는 거야.

어떤 물건을 살 때는 용돈 범위 안에 있는지 확인해 보자. 범위 밖에 있다면 어른들에게 도움을 요청해도 괜찮아. 하지만 도움을 요청한다고 늘 살 수 있는 건 아니야. 원하는 대로 이루어지지 않아도 받아들이는 법을 배워야 해. 이런 것까지가 돈에 대한 공부야.

돈을 잘 모으고, 절약하는 법도 이미 잘 알고 있다면 그다음에는 뭘 배워야 할까?

돈을 현명하게 쓰는 법을 배워야 해.

잘 모은 뒤에 어떻게 할지 계획을 세워 보자. 주변 사람들에게 특별한 날을 더 멋지게 장식할 방법이 있을까? 1년 동안 학원에 한 번도 빠지지 않았거나, 이번 시험에서 성적이 부쩍 좋아졌다면 나 자신에게 선물을 해 볼까? 나와 주변을 행복하게 하는 현명한 소비 계획도 세워 보자. 모은 돈을 다 쓰라는 뜻은 아니야. 무조건 모으기만 하는 게 아니라 적절하게 쓰는 법을 함께 익히자는 뜻이야.

돈을 관리하는 전문가들은 세상에 아주 많아. 은행에서 일하는 사람도 있고, 정부 기관에서 일하는 사람도 있지. 집집마다 누군가는 돈 관리를 하고 있을 거야. 전문가가 아니어도 우리는 돈에 대해 잘 알아야 해. 가장 중요한 건 수입에 맞게 지출 관리를 잘하기야.

돈을 모으기도 쓰기도 잘할 수 있게 된다면, 어른이 되어서도 스스로에게 큰 도움이 될 거야!

11 '정주행'하느라
밤새운 적 있다면

 나, 어제도 밤새웠다. 말 시키지 마라 비대면 수업용
으로 받은 스마트 패드가 있는데, 그걸로 밤마다 웹소설
을 읽어. 나만 이렇게 중간에 끊지를 못하나? 작가님들의
'절단신공'이 너무 대단해서, 한 편만 더 읽어야지 하다 보
면 취침 시간을 넘길 때가 많아. 저번에는 엄마한테 들켜
서 혼날 줄 알았는데, 오히려 눈 나빠진다고 걱정해 주셔
서 약간 미안한 기분. 오늘은 일찍 자 볼까 해. 일단은.

—방학이 되면 실컷 '웹소'를 읽고 싶은 선정

학급 문고 편집장이 되었어요 저는 활달한 성격은 아니에요. 그래서 남들 앞에 나서는 일을 싫어해요. 말을 하기는 힘들지만 글을 쓸 때는 마음이 편해져요. 게다가 글에 대해 말하는 것은 꽤 재미있어요. 생각이 서로 다를 때도 있지만, 그래도 글이 좋아지는 과정이니까요. 저는 올가을에 학급 문고 편집장이 되었습니다. 반 친구들이 여름 방학에 대해 쓴 글을 모아서 책으로 만들 예정이에요. 제가 만든 책을 기다려 주세요.

—말보다 글이 편한 현서

거짓말하다가 내가 속았다 아빠 죄송해요. 학원 진짜 안 빼먹으려고 했는데, 저는 진짜 빠질 생각이 없었는데 제 친구 영지가 강아지 보여 준다고 해서 잠깐 놀러 갔거든요. 출출해서 밥을 먹고 나니까 시간이 늦었는데, 학원에서 전화가 와 가지고 그만 당황해서 저도 모르게 집에 일이 생겼다고 말을 만들었는데, 말하다가 보니까 진짜 슬픈 마음이 들어서 울어 버렸는데 선생님이 같이 우시는

거예요. 아빠한테 혼날까 봐 선생님한테 죄송하다고 말씀

드렸는데, 그래서 아빠한테도 죄송하다고 하려고 편지를

썼는데, 아빠도 이렇게 우시면 이제 저는 어떡하죠…?

—*어쨌든 늘 진심을 담아 말하는 교선*

나는 영상 편집의 신일지도 와, 우리 '엄빠' 결혼식 영상

이 있더라? 너네 집에도 있을 거야. 보여 달라고 해 봐. 약

간 소름 돋아. 둘 다 엄청 젊어. 막내 삼촌 부부보다 젊어.

대체 무슨 일이 있었던 걸까? 1분 정도 엄마 아빠가 불쌍했

어. 아무튼 그 영상이 너무 신기해서, 우리 가족 작년 피서

갔을 때 찍은 영상하고 번갈아 편집해서 할머니한테 보여

드렸거든? 할머니가 영상 재미있다고 백번 말씀하시고 나

한테 용돈 주심. 나보고 나중에 봉준호 감독처럼 되래. 어

른들 말이, 바늘 도둑이 소도둑 된다고 하잖아? 아, 잠깐,

이런 때 쓰는 말이 아닌가? 어쨌든 무슨 말인지는 알지?

—*무심코 편집했는데 봉준호인 진영*

나는 K-POP '대메이저' 내 친구들은 나를 '대메'라고 놀린다. '대메'는 '대메이저'라는 말을 줄인 거지. 나는 최애 아이돌 그룹은 없는데, 신곡 나왔을 때 내가 듣고 꽂힌다 싶은 곡은 꼭 차트 톱 찍어. 신기하지! 그냥 이거 좋은데, 하면 톱 찍어. 선생님은 나보고, 나중에 음악 골라 주는 일 해 보라더라. 남들이 좋아할 것만 좋아하는 것도 재능이래.

—최애 그룹은 없지만 음악이 좋은 수지

나랑 할머니는 드라마 평론가 유튜브에 박막례 할머니 알아? 우리 할머니는 드라마 볼 때 그 할머니랑 너무 똑같으셔. 맨날 주인공 욕함. 그리고 앞으로 나올 대사를 척척 맞히지. 그래서 할머니랑 나랑 드라마 보면서 막 얘기하고 있으면 할아버지가 방에서 슬쩍 나와서 허허 웃거든. 우리 부모님은 일이 바빠서 주말에 나 만나러 와. 그러면 내가 드라마 내용 요약해서 이야기해 주지. 우리 아빠가 뭐랬는지 아니. 드라마보다 내 얘기가 더 재밌대.

—유명한 드라마 작가 돼서 부모님 일 쉬게 하고 싶은 지호

너는 어쩌면 산만하다는 말을 들을지도 몰라. 좋아하는 게 너무 많아서 뭐가 되려는지 모르겠다는 말을 들을 수도 있고. 지금 학원에 가야 하는데도 재미있는 게 눈에 보이면 '순간 멈춤'이 되어 버린다고?

좋아하는 여러 관심사를 각각 노트에 기록해 보면 어때?

산만한 게 아니라 관심사가 다양하다고 생각해 보자.

혼자만 알고 있기 아까우니까 다른 사람들과 공유해 보자. 웹소설을 읽다가 새로운 이야기가 없다는 생각이 든다면, 직접 소설을 써 보는 거야. 그림에 자신이 있다면 만화를 그려 볼 수도 있겠지. 새롭게 관심을 갖게 된 분야에 대해 기록하고, 왜 좋아하게 됐는지를 설명해 보자. 너의 관심사를 친구들에게 영업해 보자. 너의 이야기를 친구들에게 들려주자.

우리가 일상에서 소비하는 창작물을 통틀어 콘텐츠라고 불러. 웹툰, 웹소설, 동화, 그림책, 교과서, 뉴스, 유튜브 영상, 영화, 드라마 등 모든 것이 콘텐츠가 되지. 많은 콘텐츠는 '이야기'를 품고 있어. 재미있는 이야기의 힘은 정말 대단해. 평생 만날 일이 없는 사람들의 인생을 상상하게 하고, 이해하게 하고, 공감하게 하거든. 시간 가는 줄 모르고 우리를 재미에 빠져들게 하는 것 역시 이야기의 힘이야.

**남들이 좋아하는 콘텐츠를 좋아하는 취향을 갖는 것도,
남들이 못 알아보는 콘텐츠의 매력을 잘 발견하는 것도
다 귀중한 재능이야.**

소설가가 되거나 영상 제작자가 될 수도 있겠지만, 평범한 방구석 1열 영화 관객이 되는 데도 소중한 재능이지. 너 자신만의 취향이 선명하다면 삶은 훨씬 풍요로워질 테니까.

친한 친구들에게 플레이리스트를 만들어 주면 어때? 차분한 성격의 친구에게는 신나는 음악을, 명랑한 친구에게는 차분한 음악을 추천해 보는 거야. 내가 고른 음악이 친구들에게 발견의 재미를 줄 수 있도록 말이야.

운전을 오래 하는 부모님께도 플레이리스트를 만들어 드릴 수 있어. 부모님이 좋아하는 음악이 뭔지 먼저 물어보자.

그리고 비슷한 음악을 찾아보는 거야. 새로운 음악을 만드는 것은 아주 멋진 재능이지만 누구나 음악을 만들 수는 없으니까. 부모님이 좋아하는 음악을 잘 들어 보고 좋아하실 만한 무언가를 추천해 보자.

마음에 꼭 맞지 않는대도 괜찮아. 좋아하는 걸 찾기까지는 시행착오가 필요하거든.

시행착오가 뭔지 알아? 가끔은 틀리고, 가끔은 맞히는 경험을 쌓는 거야. 문제집을 풀 때, 오답이 왜 틀렸는지 알면 같은 문제를 다시는 틀리지 않는 것처럼 말이야. 사람은 누구나 한 권의 책과 같다고 해. 그 사람을 잘 읽으면 책을 잘 읽었을 때처럼 많은 정보를 접하게 되지. 나 자신에 대해 꾸준히 읽어 나가자. 틀리는 걸 두려워하지 말자. 다음 기회가 있다는 걸 믿고, 노력해 보는 거야.

어떤 어른들은 말이야, 실제 세상이 돌아가는 일에만 관심이 있어서 만들어 낸 이야기에는 좀처럼 집중하지 못해. 그건 정말 슬픈 일이야. 재미있는 이야기가 나의 일상을 촉촉하게 만들어 줄 수 있도록 마음의 문을 열어 놓자. 상상하는 일 역시 재능의 영역에 들어가지. 『어린 왕자』나 『이솝 우화』 같은 콘텐츠는 전 세계에서, 아주 오랫동안 수많은 사람을 웃게 하고 울게 하는 힘을 갖고 있어. 그런 작품들을 발굴해서 번역하고 소개하는 것도 콘텐츠 산업에서 일하는 사람들이 가진 재능이야. 웹소설을 우리가 읽게 되기까지는, 소설을 쓰는 작가부터 작품을 관리하는 PD, 플랫폼 담당자를 비롯해 수많은 사람들이 관여해야 해. 그들 모두가 콘텐츠 산업 종사자들이지. 소비자인 우리는 그중 가장 중요한 역할을 맡는 사람일지도 모르겠어.

**읽고 보는 일의 즐거움을 아는 사람은
일상을 이야기로 만드는 법도 더 잘 발견하지.**

일기를 쓸 때도, 메신저로 대화할 때도, 이미 경험하거나 아는 일을 더 재미있게 바꾸고 싶은 느낌이 들 때가 있어. 하지만 조심해야 해. 재미를 위해서라고 해도, 지나치게 사실과 바꿔서 전달하면 듣는 사람이나 그 일에 관련된 사람들이 상처 입고 괴로워할 수도 있으니까. '재미'는 사람들의 주목을 받을 수 있는 아주 멋진 재능이지만 그만큼 쉽게 관심을 끌 수 있는 수단이기 때문에 조심해야 한다는 뜻이야. 이야기를 만드는 능력, 콘텐츠를 소비하는 능력은 과신하면 위험할 수도 있어. 우리는 재미만큼이나 가치를 위해 노력할 때, 타인과 진심으로 소통할 수 있다는 걸 기억해.

너는 어쩌면 영화나 드라마를 보고 줄거리를 이야기할 때, 본편보다 너의 이야기가 더 재미있다는 말을 들을지도 몰라. 너는 어쩌면 이미 결론이 난 이야기의 재미없는 부분을 쳐내고 더 재미있게 바꾸는 데 선수일지도 몰라. 영상을 만들든 글을 쓰든, 네 인장이 붙은 새로운 콘텐츠를 상상하는 일이 무엇보다 즐겁니? 그렇다면 너는 너의 이야기로 많은 사람을 행복하게 해 줄 재능의 소유자일지도 몰라.

에필로그

년 외향적이야, 내향적이야? 아니면 때와 장소에 따라 달라지는 편? 내향적인 사람과 외향적인 사람 중 어느 쪽이 더 좋을까? 흔히 외향적이면 친구가 많고, 내향적이면 차분하다든가, 외향적이면 문제를 일으키기 쉽고, 내향적이면 소심하다고 말해. 하지만 그렇게 쉽게 이야기하기는 어려워. 말수가 적더라도 여러 사람과 실컷 논 뒤에 힘이 나는 기분이 들면 외향성이라는 설명도 있어. 여러 사람과 아무리 재미있게 놀아도 집에서 혼자 있어야 마음이 편한 사람이면 내향성이라는 거지.

이거 하나만 기억하면 어떨까.
어떤 성격이든 장점도 있고 단점도 있다고 말이야.

　내향적인 사람은 혼자 있을 때 강하지만, 늘 혼자 있어야 한다는 뜻은 아니야. 반장이나 모임장처럼 다른 사람들 앞에 나서는 역할을 즐기지 않지만, 한번 그런 일을 맡으면 꼼꼼하게 해내려고 노력하기도 해. 모든 사람과 쉽게 어울리기 어려울 수도 있지만 한두 명의 아주 가까운 친구와는 마음을 터놓고 사귀기도 하지. 음악을 듣거나 책을 읽는 조용한 활동이 잘 맞는다고 느낄 수도 있어. 내향적인 사람은 자기 안에서 힘을 만들어 가지. 나 자신과 좋은 친구가 될 때, 반짝일 수 있어.

　외향적인 사람은 다른 사람과 어울리면서 힘을 얻는 사람이야. 모르는 사람에게 말을 거는 일이 무섭지 않고, 낯선 상황에서도 적극적일 수 있어. 때로는 과감한 성격을 함께 가진 사람도 있을 거야. 씩씩하고 명랑하고 '인싸' 기질을 가진 사람이 외향적인 경우가 많아. 외향적인 사람은 외부적인 관계를 통해 성장하지. 다른 사람을 위해 적극적으로 행동할 때, 외향적인 사람은 믿음직하고 멋진 사람이 될 수 있어.

누구의 성격이 내향적이라거나 외향적이라는 이야기를 흔히들 하지? 너 자신에 대해서도, 주변 사람에 대해서도 그런 생각을 많이 할 거야. 하지만 어떤 사람도 한 가지 성격만 가지고 있지는 않아. 너 자신을 탐구할 때 '외향적'이라거나 '내향적'이라는 말을 너무 신경 쓰지 마. 다른 사람을 이해할 때 역시 마찬가지야.

우리는 무엇이든 될 수 있으니까.

같은 걸 좋아하면서도 외향적일 수 있고 내향적일 수 있어. 게임을 예로 들어 볼게. 하람이는 친구들과 함께하는 게임을 좋아한다면, 태이는 혼자 하는 게임을 좋아하지. 음악을 좋아한다고 해도, 은율이는 합창단과 오케스트라 활동을 오랫동안 하면서 여러 사람들과 어울렸고, 가온이는 집에서 헤드폰을 끼고 혼자 K-POP 듣기를 좋아해. 다른 사람 앞에서 노래하기와 혼자 노래하기는 같아 보이지만 다르고, 달라 보이지만 같은 일이기도 하지. 글쓰기를 좋아하는 친구도, 글을 다른 사람이 읽어 줄 때 행복할 수 있는가 하면, 그저 내가 글을 쓰는 그 순간을 좋아할 수도 있지.

  같은 사람이 경우에 따라 내향적이었다가 외향적이었다가 할 수도 있어. 현주는 모르는 사람들과도 게임을 하면서 금세 친해지지만, 정작 학교에서는 말수가 적은 편이야. 경석이는 게임은 혼자 하지만 학교에서는 늘 친구들과 이야기하느라 쉬는 시간이 부족해. 24시간 내내 외향적인 사람도 내향적인 사람도 없을 거야. 다른 사람들과 함께 체육 수업을 받을 때는 크게 웃고 떠드는 일이 당연하지만, 혼자 집에서 숙제를 할 때는 차분하게 앉아 있을 수도 있으니까.

  주변 사람들과의 관계에 따라서, 처한 상황에 따라서 우리는 조금씩 달라지지. 중학교 때 친구와 고등학교 때는 멀어질 수도 있고, 그렇게 멀어진 친구와 사회생활을 하면서 다시 만날 수도 있어. 내가 도움을 준 친구가 예상치 못한 상황에 나를 도와주게 되는 일도 있지. 지금의 너는 30년 뒤의 너와 성격이 무척 다른 사람이 될 수도 있어. 그러니까 우리 자신이 변화할 기회를 주자. 시간이 지나면, 많은 사람을 만나면, 새로운 경험을 하면 우리는 지금과 다른 모습으로 존재하게 될 거야. 이 모든 과정에서 누구도 혼자는 아니야. 우리가 혼자라고 생각하는 순간에조차, 가족과 친구는 물론, 세상의 다른 사람들과 소통하고 있어. 그렇게 연결되어 있다는 생각 때문에, 어떤 때는 마음이 편하고, 어떤 때는 마음이 불편해지지. 그런 때 우리는 평소 성격과 다른 모습을 보여 주기도 해.

너 자신을 한 가지 모습으로 규정하지 마.
다른 사람을 한 가지 모습으로 제한하지 마.

여러 모습으로 존재하면서, 나 자신에게 충실하게 매일을 보내자. 그러면 내가 뭘 좋아하는지, 어떤 일을 할 때 즐거운지 잘 알 수 있게 될 거야.

발견의 첫걸음 1

좋아하는 것을 발견하는 법
진로와 자기 탐색

초판 1쇄 발행 • 2022년 9월 2일
초판 6쇄 발행 • 2024년 3월 22일

지은이 • 이다혜
펴낸이 • 염종선
책임편집 • 이현선
조판 • 박지현
펴낸곳 • (주)창비
등록 • 1986년 8월 5일 제85호
주소 • 10881 경기도 파주시 회동길 184
전화 • 031-955-3333
팩스 • 영업 031-955-3399 편집 031-955-3400
홈페이지 • www.changbi.com
전자우편 • ya@changbi.com

ⓒ 이다혜 2022
ISBN 978-89-364-5321-3 43300